Ludwig Feuerbach und der Ausgang der klassischen deutschen Philosophie

《路德维希·费尔巴哈和德国古典哲学的终结》导读（图文版）

孙海洋 著

图书在版编目（CIP）数据

《路德维希·费尔巴哈和德国古典哲学的终结》导读：图文版 / 孙海洋著 . —北京：东方出版社，2024.1
（马克思主义经典著作导读（图文版））
ISBN 978-7-5207-3393-9

Ⅰ. ①路… Ⅱ. ①孙… Ⅲ. ①《路德维希·费尔巴哈和德国古典哲学的终结》—恩格斯著作研究 Ⅳ. ① A811.24

中国国家版本馆 CIP 数据核字（2023）第 051440 号

《路德维希·费尔巴哈和德国古典哲学的终结》导读：图文版
（《LUDEWEIXI FEIERBAHA HE DEGUO GUDIAN ZHEXUE DE ZHONGJIE》DAODU：TUWENBAN）

作　　者：	中央党校创新工程"21世纪马克思主义的重大问题研究"项目组组织编写 / 李海青总主编 / 孙海洋著
责任编辑：	陈钟华
责任校对：	曾庆全
出　　版：	东方出版社
发　　行：	人民东方出版传媒有限公司
地　　址：	北京市东城区朝阳门内大街 166 号
邮　　编：	100010
印　　刷：	北京市联华印刷厂
版　　次：	2024 年 1 月第 1 版
印　　次：	2024 年 1 月北京第 1 次印刷
开　　本：	710 毫米 ×1000 毫米　1/16
印　　张：	13
字　　数：	180 千字
书　　号：	ISBN 978-7-5207-3393-9
定　　价：	59.80 元

发行电话：（010）85924663　85924644　85924641

版权所有，违者必究

如有印装质量问题，我社负责调换，请拨打电话：（010）85924725

序

马克思主义是整个人类思想的精华，是中国共产党的指导思想。学习马克思主义，就要认认真真地阅读马克思主义经典著作。正如恩格斯在谈到学习《资本论》时强调指出的："对于那些希望真正理解它的人来说，最重要的却正好是原著本身。"中国共产党历来重视马克思主义经典著作的学习，党的历代领导人对此都有明确要求。2011年5月13日，习近平同志在中央党校春季学期第二批入学学员开学典礼上的重要讲话中指出：马克思主义经典著作蕴含和集中体现着马克思主义基本原理，是马克思主义理论的本源和基础。马克思主义经典著作包含着经典作家所汲取的人类探索真理的丰富思想成果，体现着经典作家攀登科学理论高峰的不懈追求和艰辛历程。阅读经典著作，本身就是增长知识、开阔眼界、增加思想深度和训练思维方式的过程，就是培养高瞻远瞩的战略洞察力和脚踏实地的工作作风的过程，会使我们在潜移默化中受到他们崇高风范和人格力量的熏陶，从而实现自己思想境界和道德情操的升华。他还为学员们推荐了马克思、恩格斯、列宁和毛泽东的著作。2018年5月4日，习近平总书记在纪念马克思诞辰200周年大会上的讲话中强调指出：共产党人要把读马克思主义经典、悟马克思主义原理当作一种生活习惯、当作一种精神追求，用经典涵养正气、淬炼思想、升华境界、指导实践。

中央党校（国家行政学院）是我们党学习、研究、宣传马克思主义的重要阵地，具有马克思主义经典著作学习研究的光荣传统和深厚积淀。为了帮助广大党员干部和其他各领域的学习者、研究者更好学习、理解、掌握马克思主义经典著作中蕴含的基本观点、基本原理与基本方法，中央党校（国家行政学院）创新工程"21世纪马克思主义的重大问题研究"项目组精选了马克思、恩格斯、毛泽东的最具代表性的一些经典著作，编写了这套马克思主义经典著作导读丛书。

丛书共八册，包括：李海青著《〈共产党宣言〉导读（图文版）》、王虎学著《〈1844年经济学哲学手稿〉导读（图文版）》、袁辉著《〈资本论〉导读（图文版）》、唐爱军著《〈黑格尔法哲学批判〉导读（图文版）》、孙海洋著《〈路德维希·费尔巴哈和德国古典哲学的终结〉导读（图文版）》、王乐著《〈反杜林论〉导读（图文版）》、崔丽华著《〈实践论〉〈矛盾论〉导读（图文版）》、韩晓青著《〈新民主主义论〉导读（图文版）》。

丛书的突出特色主要有：第一，权威性强。丛书的作者均为中央党校（国家行政学院）一直从事马克思主义理论教学与研究的工作者，具有较高的专业素养与理论水平，创作时坚持原原本本地研读马克思主义经典著作，坚持用科学的态度和发展的观点对待马克思主义，力求充分展示马克思主义经典著作的基本原理、科学内涵。第二，理论联系实际。丛书在解读马克思主义经典著作时，坚持用马克思主义观察时代、解读时代、引领时代，坚持理论联系实际，坚持用马克思主义经典著作的基本原理分析和解释重大现实问题，引导党员干部和大众读者带着问题学、联系实际学，进而提高运用马克思主义分析和解决实际问题的能力，用鲜活丰富的当代中国实践推动马克思主义中国化时代化。第三，通俗鲜活生动。真正的马克思主义是鲜活的，马克思主义经典著作导读应该是鲜活的。

丛书力求用通俗的语言，图文并茂地呈现马克思主义经典著作的鲜活生命力。此外，还配有大量的知识链接，也为丛书增色不少。

总之，这套丛书思想性、通俗性兼备。相信丛书的出版，能对广大读者走进马克思主义经典作家的思想世界，把握马克思主义的思想精华有所助益。

感谢东方出版社对这套丛书出版给予的大力支持，感谢编辑为之付出的艰辛努力。

总主编　李海青

目录

引言 _ 001

005
第一章 《路德维希·费尔巴哈和德国古典哲学的终结》的创作缘起与出版传播

一、创作缘起 _ 007
（一）历史渊源：完成共同夙愿 _ 007
（二）现实任务：批判错误思潮 _ 012
（三）直接契机：应邀撰写书评 _ 017

二、出版传播 _ 020
（一）海外出版传播 _ 020
（二）汉译版本考察 _ 025
（三）研究现状综述 _ 031

065
第二章 《路德维希·费尔巴哈和德国古典哲学的终结》的文本结构与思想要义

一、文本结构 _ 067

二、黑格尔哲学的评判与唯物辩证法的发展观 _ 069
（一）黑格尔哲学的历史语境与阶级局限 _ 070
（二）作为"合理内核"的辩证发展观 _ 078

（三）革命的方法被保守的体系所窒息 _ 084
（四）黑格尔学派解体与费尔巴哈的出场 _ 088

三、哲学基本问题与费尔巴哈唯物主义的局限 _ 097
（一）哲学基本问题及其两方面的内容 _ 097
（二）费尔巴哈唯物主义的"基本内核" _ 114
（三）旧唯物主义的缺陷及其历史根源 _ 118
（四）施达克在哲学基本问题上的混乱 _ 122

四、费尔巴哈唯心主义历史观的表现及其根源 _ 124
（一）揭开"爱的宗教"的神秘面纱 _ 125
（二）洞穿抽象道德准则的贫乏本质 _ 130
（三）堕入抽象王国的深渊无法自拔 _ 136

五、马克思主义哲学革命的发生、实质和意义 _ 137
（一）批判继承德国古典哲学 _ 138
（二）吸收最新自然科学成果 _ 143
（三）唯物史观的最详尽阐述 _ 146
（四）哲学领域的革命性变革 _ 160

165
第三章《路德维希·费尔巴哈和德国古典哲学的终结》的历史地位与现实启示

一、历史地位 _ 167

（一）哲学的"教材"与斗争的"武器" _ 167

（二）"共同工作40年"的见证和结晶 _ 171

二、现实启示 _ 177

（一）坚持把马克思主义作为根本指导思想 _ 178

（二）坚持解放思想、实事求是、守正创新 _ 180

（三）坚持人民至上，坚持以人民为中心 _ 184

（四）用博大胸怀吸收人类优秀文明成果 _ 188

引言

2022年3月1日，习近平总书记在2022年春季学期中央党校（国家行政学院）中青年干部培训班开班式上的讲话中指出："要胜任领导工作，需要掌握的本领是很多的。最根本的本领是理论素养。马克思主义立场、观点、方法是做好工作的看家本领，是指导我们认识世界、改造世界的强大思想武器。"[1] 要想提高理论素养、掌握看家本领，最有效的办法就是读原著、学原文、悟原理。《路德维希·费尔巴哈和德国古典哲学的终结》（简称《费尔巴哈论》）就是一部马克思主义哲学的经典著作，也是党的各级领导干部学习和研究马克思主义的必读书目。关于这本书，习近平同志在中共中央党校2011年春季学期第二批入学学员开学典礼上的讲话中曾讲道，恩格斯的《路德维希·费尔巴哈和德国古典哲学的终结》，是恩格斯在马克思逝世后对马克思主义哲学基本原理所作的全面梳理、总结和发展，第一次明确提出了哲学基本问题，系统论述辩证唯物主义和历史唯物主义基本内容，是关于马克思主义科学世界观和方法论的概论式著作。

19世纪后期，随着国际工人运动蓬勃发展，工人政党不断壮大，马克思主义在世界范围内得到广泛传播。这引起了资产阶级的强烈恐慌，为了攻击和诋毁作为工人阶级世界观的马克思主义，他们不仅肆意曲解

---

[1] 习近平：《努力成长为对党和人民忠诚可靠、堪当时代重任的栋梁之才》，《求是》2023年第13期。

德国古典哲学的积极成果，而且极力歪曲马克思主义哲学同德国古典哲学的关系，声称马克思主义哲学仅仅是黑格尔唯心主义辩证法和费尔巴哈机械唯物主义的"简单拼凑"，力图以此来否认马克思主义的科学价值，抹杀工人阶级和资产阶级世界观的根本区别，企图把工人运动引向改良主义的歧途。为了回击资产阶级对马克思主义的诽谤，澄清哲学上的诸种谬论，引导工人运动及其政党健康发展，恩格斯深感有必要对马克思主义哲学同德国古典哲学的批判继承关系进行系统的论述，阐明辩证唯物主义和历史唯物主义是唯一科学的世界观。这也是马克思和恩格斯的共同夙愿。1885年，丹麦哲学家卡·尼·施达克的著作《路德维希·费尔巴哈》一书出版，德国社会民主党《新时代》杂志编辑部请恩格斯写一篇评论文章，他欣然同意，并撰写了《费尔巴哈论》一文。

在这部著作中，恩格斯全面回顾了马克思主义哲学形成和发展的历史过程，系统论述了马克思主义哲学同德国古典哲学之间的内在联系和本质区别，深刻揭示了马克思主义哲学的诞生在哲学领域中引起的革命变革的实质和意义。他首次将思维和存在的关系问题概括为哲学的基本问题，阐明了划分唯物主义和唯心主义的科学依据，批判了怀疑和否定人认识世界的可能性的错误观点，指出对这种不可知论错误观点和其他一切哲学怪论的最令人信服的驳斥是实践，即实验和工业。他论述了马克思主义哲学产生的自然科学基础，阐明了自然科学的发展，特别是19世纪中叶自然科学领域中的"三大发现"（即细胞学说、能量守恒和转化定律、生物进化论）对辩证唯物主义自然观和历史观形成的作用，指出像唯心主义一样，唯物主义也经历了一系列的发展阶段；随着自然科学领域中每一个划时代的发现，唯物主义也必然要改变自己的形式。他阐述了辩证唯物主义自然观和历史观的一致性，指出社会发展史具有不同于自然发展史的特点，但是历史进程仍然受到内在的一般规律支配，问题在于揭示历史发展规律。此外，他还系统阐发了历史发展的动力、经济基础的决定作用和上层建筑的反作用、人民群众是历史的创造者等重要观点，丰富和发展了历史唯物主义基本原理。

在马克思主义哲学史上，《费尔巴哈论》具有十分重要的地位。1890年，恩格斯在强调必须根据原著来研究马克思主义哲学基本原理时，特别提到了他写的《反杜林论》和《费尔巴哈论》。恩格斯说："我在这两部书里对历史唯物主义作了就我所知是目前最为详尽的阐述。"[1] 列宁也曾多次阐明这部著作的理论意义，他指出："马克思和恩格斯最坚决地捍卫了哲学唯物主义，并且多次说明，一切离开这个基础的倾向都是极端错误的。在恩格斯的著作《路德维希·费尔巴哈》和《反杜林论》里最明确最详尽地阐述了他们的观点，这两部著作同《共产党宣言》一样，都是每个觉悟工人必读的书籍。"[2] 毛泽东更是多次将《费尔巴哈论》一书列入"干部必读的马列经典著作"。

在当时，《费尔巴哈论》的出版，不仅从理论上详尽阐明了马克思主义哲学所实现的革命变革及其重大意义，有力回击了资产阶级错误思潮的歪曲，而且在实践上为工人阶级及其政党提供了强大的思想武器，从而对指导无产阶级革命运动发挥了重大作用。在今天，学习和研读《费尔巴哈论》，有助于提高党的各级领导干部的马克思主义哲学素养，帮助他们树立正确的世界观、人生观和价值

---

[1] 《马克思恩格斯选集》第4卷，人民出版社2012年版，第606页。
[2] 《列宁选集》第2卷，人民出版社2012年版，第310页。

观；有助于捍卫马克思主义在意识形态领域的根本指导地位，坚决抵制诸如抽象人性论、唯心主义历史观和宗教观等错误思潮和观点对马克思主义的歪曲和攻击；有助于提升各级领导干部运用马克思主义立场观点方法分析和解决现实问题的能力，始终坚持解放思想、实事求是、守正创新，坚持人民至上、坚持以人民为中心。特别地，《费尔巴哈论》对待黑格尔哲学的批判继承的科学方法，为我们用博大胸怀吸收人类创造的一切优秀文明成果树立了光辉典范。

第一章

《路德维希·费尔巴哈和德国古典哲学的终结》的创作缘起与出版传播

> 我也感到我们还要还一笔信誉债,就是要完全承认,在我们的狂飙突进时期,费尔巴哈给我们的影响比黑格尔以后任何其他哲学家都大。

任何文本都是在一定的历史语境中产生的，因此，深入考察文本的写作背景是完整准确地理解和把握马克思主义经典著作的方法论前提。恩格斯的《费尔巴哈论》一书写于1886年1月—2月初，最初发表于德国社会民主党的理论刊物《新时代》杂志1886年第4年卷第4、5期，1888年在斯图加特出版单行本，恩格斯专门为此写了"1888年单行本序言"，着重交代了《费尔巴哈论》的创作缘起和时代背景。

一、创作缘起

恩格斯在"1888年单行本序言"中，主要从历史渊源、现实任务和直接契机三个方面说明了本书的写作背景，并特别指出，马克思写于1845年的《关于费尔巴哈的提纲》"作为包含着新世界观的天才萌芽的第一个文献，是非常宝贵的"[1]，因此，《关于费尔巴哈的提纲》作为本书的附录一并刊印出版。

（一）历史渊源：完成共同夙愿

众所周知，马克思主义哲学是在批判继承德国古典

---

[1] [德]恩格斯:《路德维希·费尔巴哈和德国古典哲学的终结》，人民出版社2014年版，第4—5页。

哲学特别是黑格尔和费尔巴哈哲学的基础上创立的。全面系统地阐述马克思主义哲学怎样从黑格尔哲学出发，经过费尔巴哈这一中间环节，最终走向辩证唯物主义和历史唯物主义的新世界观，这是马克思和恩格斯的共同夙愿，也是恩格斯写作《费尔巴哈论》的历史原因。早在19世纪40年代，马克思和恩格斯就决定"共同阐明我们的见解与德国哲学的意识形态的见解的对立，实际上是把我们从前的哲学信仰清算一下"[1]，为此，他们共同写作了《德意志意识形态》。在这部

马克思《关于费尔巴哈的提纲》手稿↑

[1]《马克思恩格斯选集》第2卷，人民出版社2012年版，第4页。

知识链接

德国古典哲学

德国古典哲学是指 18 世纪末至 19 世纪上半叶的德国哲学，经历了从康德、费希特、谢林、黑格尔到费尔巴哈的发展过程，是马克思主义哲学的直接理论来源。德国古典哲学的主要成就是黑格尔辩证法的"合理内核"与费尔巴哈唯物主义的"基本内核"。

《德意志意识形态》

《德意志意识形态》是马克思、恩格斯 1845—1846 年合写的哲学著作。在书中，马克思、恩格斯对以费尔巴哈、鲍威尔和施蒂纳为代表的各式各样唯心史观的思想进行了深刻的分析和批判，并在此基础上，阐述了唯物史观的基本内容，标志着唯物史观的创立。该书还系统阐述了历史唯物主义的基本原理，如社会存在决定社会意识、生产方式在社会生活中起决定作用、生产关系必须适合生产力的发展等，标志着马克思主义哲学的成熟。

知识链接

费尔巴哈

费尔巴哈，德国古典哲学的代表人物，杰出的唯物主义哲学家、无神论者。费尔巴哈的人本学唯物主义批判了宗教神学，打破了唯心主义的统治，恢复了唯物主义的权威，成为马克思主义哲学的直接理论来源之一。但是费尔巴哈的唯物主义是直观的、形而上学的唯物主义，他在自然观上是唯物主义的，在历史观上是唯心主义的，他从抽象的人出发理解社会历史的发展，是"半截子的唯物主义"。主要著作有《黑格尔哲学批判》《基督教的本质》《未来哲学原理》《宗教的本质》等。

黑格尔

黑格尔哲学是19世纪德国资产阶级的世界观体系。它集德国古典哲学之大成，具有百科全书式的丰富性，居于整个资产阶级哲学的高峰。它不仅反映了当时德国资产阶级的革命性与软弱性，也在一定程度上反映了当时整个西方资产阶级的特点。在黑格尔哲学中，表现了丰富的辩证法内容与保守体系的

> 深刻矛盾。黑格尔的主要著作有《精神现象学》《逻辑学》《哲学科学全书纲要》《法哲学原理》。

著作中，马克思和恩格斯第一次比较系统地论述了唯物史观的基本观点，阐明了他们的新世界观与德国古典哲学的对立，指出了青年黑格尔派的唯心主义只是在黑格尔哲学的地基上踏步不前，揭露了费尔巴哈直观唯物主义的不彻底性，批判了"真正的社会主义"等错误思潮。但遗憾的是，由于反动当局和出版商的阻挠，本书未能公开出版。

此后的40多年中，马克思和恩格斯对他们和黑格尔哲学的关系曾经作了某些说明，例如，在《〈政治经济学批判〉序言》、《资本论》（第一卷）、《反杜林论》、《自然辩证法》等著作中对此有所提及，但是无论哪个地方都不是全面系统的。至于费尔巴哈，他虽然是黑格尔哲学和马克思主义哲学之间的中间环节，他们却从来没有回顾过他，因此，恩格斯深感欠着一笔"信誉债"。正是在这样的情形之下，恩格斯写道："我感到越来越有必要把我们同黑格尔哲学的关系，我们怎样从这一哲学出发又怎样同它脱

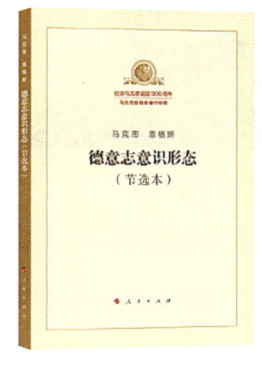

《德意志意识形态》是马克思和恩格斯共同撰写的经典文献，也是他们继《神圣家族》之后共同撰写的第二部著作。图为人民出版社出版的《德意志意识形态》（节选本）书影↑

1867年出版的马克思批注的《资本论》第一版(第一卷) 中新图片/彭大伟

离,作一个简要而又系统的阐述。同样,我也感到我们还要还一笔信誉债,就是要完全承认,在我们的狂飙突进时期,费尔巴哈给我们的影响比黑格尔以后任何其他哲学家都大。"[1] 由此可见,《费尔巴哈论》在某种意义上是马克思和恩格斯对自身理论演进历程的一种反思性回顾和清理,这是《费尔巴哈论》写作的历史渊源。

(二)现实任务:批判错误思潮

19世纪80年代,欧洲工人运动蓬勃发展,社会主义工人政党在许多国家纷纷建立

---

[1] [德]恩格斯:《路德维希·费尔巴哈和德国古典哲学的终结》,人民出版社2014年版,第4页。

并不断壮大,马克思主义在世界范围内得到广泛传播,"马克思的世界观远在德国和欧洲境界以外,在世界的一切文明语言中都找到了拥护者"[1]。面对马克思主义的广泛传播和国际工人运动的风起云涌,资产阶级为了维护自身的统治地位,妄图在所谓"新"哲学的幌子下复活德国古典哲学中消极反动的东西,以此来歪曲和抵制作为工人阶级世界观的马克思主义。"德国的古典哲学在国外,特别是在英国和斯堪的纳维亚各国,有某种复活。甚至在德国,各大学里借哲学名义来施舍的折中主义残羹剩汁,看来已叫人吃厌了。"[2] 恩格斯这里指的主要是德国的新康德主义和英国的新黑格尔主义反动思潮。

在德国,当时存在着许多折中主义流派,其中影响最大的就是新康德主义。这一哲学流派形成于19世纪60年代,到70—80年代已经流行于德国几乎所有的大学讲坛,成为占统治地位的哲学。在早期阶段,新康德主义的代表人物有奥托·李普曼和弗里德里希·阿尔伯特·朗格,二者代表作分别是《康德及其模仿者》和《唯物主义史》。后来,新康德主义逐渐分化为两个主要学派:一是马堡学派,代表人物是赫尔曼·柯亨和保罗·纳托普;二是弗赖堡学派(又称西南学派、海德堡学派、巴登学派),代表人物是威廉·文德尔班和海因里希·李凯尔特。新康德主义的共同主张是:其一,号召"回到康德那里去",贬低黑格尔,但又抛弃了康德哲学中的唯物主义因素,强调其主观唯心主义和不可知论,用以攻

---

[1] [德]恩格斯:《路德维希·费尔巴哈和德国古典哲学的终结》,人民出版社2014年版,第4页。
[2] 同上。

恩格斯对新康德主义进行了有力批判。图为恩格斯画像　中新图片 / 刘君凤↑

击历史唯物主义和社会革命论；其二，鼓吹"伦理社会主义"，将社会主义仅仅视作一种抽象的、可望而不可即的道德理想，以此来攻击和对抗科学社会主义；其三，反对革命的辩证法，主张形而上学的庸俗进化论，宣扬社会发展理论就是单纯的进化论。

具体而言，李普曼在其1865年出版的《康德及其模仿者》一书中，将康德以后的全部哲学都当成"模仿的东西"而加以抛弃，书的每一章都以"回到康德那里去"结尾，号召重新回到康德的主观唯心主义和不可知论。朗格在其1866年出版的《唯物主义史》一书中，认为唯物主义仅仅是一种大胆的但欠考虑的把科学成果扩展到过去被神学和迷信所占据的领域中的活动，并且强调唯物主义过于矫揉造作，不宜作为世界观。朗格甚至在《工人问题对现在和将来的意义》一书中宣扬马尔萨斯的反动思想，试图将资本主义社会规律解释为永恒的自然规律。对此，恩格斯在致朗格的一封信中明确指出他的描述"同马尔萨斯的理论异常相似"，接着继续批评道，"不过我得出了和您不同的结论,我认为:现代资产阶级的发展还没有超出动物界的经济形式,这对它来说是极大的耻辱。在我们看来,所谓'经济规律'并不是永恒的自然规律,而是既会产生又会消失的历史性规律"[1]。恩格斯还在给马克思的信中指责朗格的这本小册子"写得非常混乱,是马尔萨斯主义和达尔文主义的混合物,极力向各方面卖弄风情"[2]。李普曼、朗格等人的早期新康德主义在重新解释康德哲学的过程中,只强调康德的理论哲学,不重视康德的实践哲学。在对康德理论哲学的解释中,他们一般都采取心理学或生理学的观点,即用认识主体的心理或生理的结构说明知识的问题。李普曼把康德所谓的先验性解释为意识的生成组织。朗格把康德所说的先天的认识形式归结为先天的生理结构,从而抛弃了康德哲学中的唯物主义因素,使康德哲学彻底唯心主义化。新康德主义将矛头对准历史唯物主义和社会革命论,文德尔班将社会领域和自然界截然分开,不承认社会发展具有规律性,而只能对个别事件进行主观评价。柯亨强调科学的社会理论应当以康德的"绝对命令"为基础,主张以伦理社会主义取代马克思的社会革命和无产阶级专政理论。

恩格斯深感新康德主义在理论上的荒谬和实践上的危害,对其展开了及时的揭露和深刻的批判,这具有深远的历史意义。19世纪末20世纪初,新康德主义成为修正主义的哲学基础,并通过伯恩施坦、阿德勒等人对第二国际产生了较大影响。到20世纪20—30年代,新康德主义西南学派的价值哲学和马堡学派的逻辑唯心

......

[1] 《马克思恩格斯文集》第10卷,人民出版社2009年版,第224—225页。
[2] 《马克思恩格斯全集》第31卷,人民出版社1972年版,第98页。

黑格尔画像 文化传播/
供图↑

主义,逐渐发展为非理性主义思潮,在某种程度上成为法西斯主义意识形态的组成部分。在当代西方哲学流派中,新康德主义的主观唯心主义和不可知论仍然以不同形式产生着影响。

在英国以及瑞典、丹麦、挪威等斯堪的纳维亚半岛诸国,新黑格尔主义盛行一时。1865年,苏格兰学者斯特林出版《黑格尔的秘密》一书,一反英国经验派哲学的传统,掀起了"复兴黑格尔"的运动,标志着新黑格尔主义的形成,其代表人物还有托马斯·格林、弗兰西斯·布拉德雷和伯纳德·鲍桑葵等。新黑格尔主义的基本主张是:其一,抛弃了黑格尔哲学中辩证法的合理因素,用矛盾调和思想来解释黑格尔的辩证法,具有形而上学的倾向;其二,抛弃了黑格尔哲学中的理性主义,表现出一定的非理性色彩,宣扬主观唯心主义和神秘主义,格林强调人的创造活动是无限永恒意识的一部分,后者作为唯一的精神原则创造了整个世界,布拉德雷甚至在《现象与实在》中宣称"实在的东西只有被感觉到时才能是实在的";其三,继承了黑格尔哲学中极具保守性的伦理和国家学说，企图将其与对个人自由和民主权利强调的理论调和起来，以便维护资产阶级的反动统治。

总体来说，新黑格尔主义既继承了黑格尔主义的传统，又吸取了经验主义和现代非理性主义的一些思想，企图在"复兴黑格尔"的旗号下通过重新研究、解释或改造黑格尔哲学，来建立一套绝对唯心主义的世界观和方法论，借此将工人运动引向改良主义的歧路。

新康德主义和新黑格尔主义都是当时资产阶级在马克思主义广泛传播的情势下故意歪曲德国古典哲学而制造出来的意识形态，他们试图将马克思主义哲学污蔑为黑格尔唯心辩证法与费尔巴哈机械唯物论的"简单拼凑"，以此抹杀无产阶级与资产阶级世界观的根本差异。对于这一思想领域的逆流，恩格斯高度重视，并通过对德国古典哲学的重新评估及其与马克思主义哲学内在关联的深度厘清，给予上述反动思潮以彻底的回击。这是恩格斯写作《费尔巴哈论》的现实考量。

（三）直接契机：应邀撰写书评

1885年，丹麦哲学家、社会学家卡·尼·施达克在斯图加特出版了《路德维希·费尔巴哈》一书。施达克在这本书中对费尔巴哈哲学的基本性质作了错误的解释，认为费尔巴哈是一个唯心主义者，这就提出了如何正确评价作为马克思主义哲学直接理论来源的费尔巴哈哲学的问题。正在此时，德国社会民主党的机关刊物《新时代》杂志编辑部邀请恩格斯"写一篇批评文章来评述施达克那本

知识链接

施达克

施达克（1858—1926年），丹麦哲学家和社会学家。在哲学上是折中主义者。他曾著书反对美国民族学家和古代社会史学家摩尔根的关于古代社会史的进步观点。为了反对当时德国一些人对费尔巴哈的攻击，施达克创作的《路德维希·费尔巴哈》一书对以往的哲学，特别是自康德以来哲学家的有关见解作了阐述，并详细评说了费尔巴哈哲学思想的发展。但由于施达克不懂得思维与存在、精神与物质何者是本原的问题是划分唯物主义和唯心主义的唯一标准，认为费尔巴哈相信人类进步，追求理想的意图，承认理想的力量，并把人类之爱作为真理和正义来追求，从而错误地把唯物主义者费尔巴哈说成是一个唯心主义者。恩格斯写作《费尔巴哈论》一书的直接目的正是为了评论施达克的这本小册子。

《新时代》

《新时代》是德国社会民主党的机关刊物，主要刊登政治、哲学和经济等方面的文章。1883年1月在斯图加特创刊。1923

> 年停刊。1885年至1894年间，恩格斯在该刊发表过《费尔巴哈论》《论原始基督教的历史》《法德农民问题》等文章。

论费尔巴哈的书"[1]，于是，恩格斯欣然同意。

需要特别指出的是，一般说来，费尔巴哈哲学是唯物主义的，那么，施达克何以将其误判为唯心主义呢？这要回到历史语境中去理解。在当时的德国学界，新康德主义者纷纷攻击费尔巴哈的唯物主义，而在施达克看来，要使费尔巴哈免遭攻击，或者说，为费尔巴哈辩护的最好方式就是解构掉批评者所攻击的目标——唯物主义，而代之以唯心主义。更重要的是，在如何理解唯物主义和唯心主义的原则性区分问题上，施达克没有摆脱"德国庸人的偏见"，他们把唯物主义理解为"贪吃、酗酒、娱目、肉欲、虚荣、爱财、吝啬、贪婪、牟利、投机"等追求物欲和感官满足的"一切龌龊行为"，而把唯心主义理解为"对理想目的的追求""对真理和正义的热忱""对理想力量的承认""对进步方向的信念"等"对'美好世界'的信仰"。[2] 正是由于施达克对唯物主义和唯心主义的错误理解，才导致他将费尔巴哈误判为唯心主义者。而考虑到费尔巴哈与马克思和恩格斯之间的密切关系，这极有可能导致人们对马克思主义哲学的误解。正是因此，恩格斯才决定在《费尔巴哈论》中批判施达

---

[1] [德]恩格斯：《路德维希·费尔巴哈和德国古典哲学的终结》，人民出版社2014年版，第4页。
[2] 同上书，第25—27页。

克的谬论，厘清唯物主义与唯心主义的原则性区分。这是本书创作的直接契机。

二、出版传播

马克思主义经典著作的出版传播伴随着马克思主义的产生、发展和应用的全过程，在某种意义上，一部马克思主义哲学发展史也是马克思主义经典著作的翻译、出版、阐释和研究的历史。考察《费尔巴哈论》在国内外的出版传播状况，对于我们深入理解无产阶级社会主义运动的历史发展和马克思主义基础理论研究阐释的逻辑演进具有重要意义。

（一）海外出版传播

《费尔巴哈论》最初发表于德国社会民主党理论刊物《新时代》杂志1886年第4年卷第4、5期，时隔两年之后，恩格斯于1888年又在斯图加特出版了单行本，这在为人们阅读提供便利的同时极大地推动了本书的传播，使其在世界范围内受到广泛关注。

1889年圣彼得堡出版的杂志《北方通报》第3、4期刊登了恩格斯这部著作的俄译文，标题为《德国古典唯心主义哲学的危机》。

1890年，《费尔巴哈论》被译成波兰文。

1892年，劳动解放社在日内瓦全文发表了普列汉诺夫翻译的《费尔巴哈论》俄译文单行本，并附有普列汉诺夫为俄译本所写的"译者的话"和"注释"。

关于俄译本,需要特别指出如下三点。

其一,劳动解放社自成立伊始就着手翻译出版《现代社会主义丛书》,恩格斯的《费尔巴哈论》便在其列。普列汉诺夫将这套丛书的任务归结为如下两点:"(1)把马克思和恩格斯学派最重要的著作以及适合不同修养程度的读者的杰出著作译成俄文,用这种办法来传播科学社会主义思想。(2)批判在我们革命者中间占统治地位的学说,并且从科学社会主义和俄国劳动居民的利益的观点来阐释俄国社会生活中最重要的问题。"[1]这些译本总体而言忠实地传达了马克思和恩格斯著作的原文,"但是,在很多序言和注释中存在着严重的错误。例如,在普列汉诺夫给《费尔巴哈和德国古典哲学的终结》所写的注释中,就表现出他滚向半康德主义的符号论——象形文字论,这种理论修正了马克思主义的认识论"[2]。

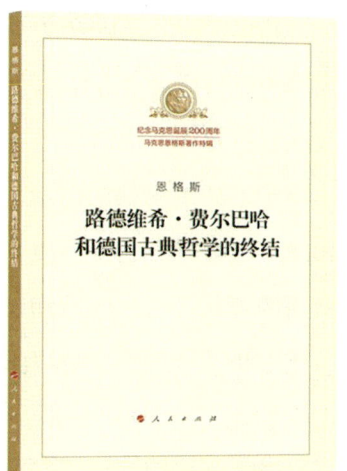

人民出版社出版的《路德维希·费尔巴哈和德国古典哲学的终结》书影↑

---

[1] [苏]列·阿·列文:《马克思恩格斯著作的发表和出版》,周维译,生活·读书·新知三联书店1976年版,第133—134页。

[2] 同上书,第134页。

其二，1905—1907 年第一次俄国革命是在俄国出版和传播马克思和恩格斯著作方面的新的标志，在群众的革命进攻的影响下，政府被迫允许在俄国刊印马克思主义的著作，"政治性的、特别是小册子形式的书籍的出版，在 1905—1907 年达到巨大的规模"[1]。1905 年 7 月，在孟什维克出版的《科学社会主义丛书》中包含恩格斯的著作《费尔巴哈和德国古典哲学的终结》的第二版。这一版比 1888 年版更全，因为译者普列汉诺夫新写了长篇序言，并且大大扩充了注释。"但是，无论是在序言中还是在注释中都有一系列严重的错误，这是同普列汉诺夫向孟什维主义发展有关联的（把马克思和恩格斯的唯物主义解释成为独特的斯宾诺莎主义，就 1905—1907 年革命中无产阶级的领导权问题攻击布尔什维克和列宁本人等等）。"[2] 革命失败后，在革命年代中出版的马克思主义著作被取缔，"从迫害下保存下来的，主要是经过事先的书报检查的 1905 年版本，以及出版商出版的那些版本"[3]。

其三，十月革命胜利后，苏俄建立了马克思恩格斯列宁学院，专门负责收集、保存研究和科学地发表马克思、恩格斯、列宁的著作。1923 年起，着手出版《马克思恩格斯全集》，开始出版《马克思恩格斯文库》。1933 年出版《马克思恩格斯文选》(两卷集)，其中《费尔巴哈论》收录于第 1 卷。1948 年，苏联国家政治书籍出版社出版了附有马克思的《关于费尔巴哈的提纲》和恩格斯的《费尔巴哈和德国古典哲学的终结》的最准确的版本。这个版本是按

---

[1] [苏]列·阿·列文：《马克思恩格斯著作的发表和出版》，周维译，生活·读书·新知三联书店 1976 年版，第 154 页。
[2] 同上书，第 161 页。
[3] 同上书，第 167 页。

马克思的两卷集第 1 卷中这本著作的文字刊印的。其中，普列汉诺夫的译文根据原文重新校订和修改。[1]《费尔巴哈论》先被收录于《马克思恩格斯全集》俄文第一版（1928 年开始出版，1946 年出齐，共 29 卷 34 册）第 14 卷，这一卷收录的全部是恩格斯的哲学著作；后又被收录于《马克思恩格斯全集》俄文第二版（1955 年开始出版，1966 年出齐，共 39 卷 42 册，1968 年开始出版

---

[1] 参见 [苏] 列·阿·列文：《马克思恩格斯著作的发表和出版》，周维译，生活·读书·新知三联书店 1976 年版，第 201 页。

《马克思恩格斯全集》中文第一版（部分） 海峰/供图 ↑

第一章 《路德维希·费尔巴哈和德国古典哲学的终结》的创作缘起与出版传播

第二版的补卷 11 卷，出齐后构成俄文第二版 50 卷）第 21 卷。[1] 世界上许多国家的《马克思恩格斯全集》大都是依据俄文第二版为基础出版的。

1892 年，葡萄牙文译本和保加利亚文译本同时问世。

1894 年，在巴黎出版的法国社会主义月刊《新纪元》第 4 期和第 5 期刊载了劳拉·拉法格翻译并经过恩格斯审阅的法译文。恩格斯在致考茨基的信中对这个译本给予高度评价："劳拉·拉法格正在把我的《费尔巴哈》译成法文供《新纪元》发表和以后出单行本，狄茨知道这件事定很高兴。前一半我已看过。她的译文忠实而流畅。"[2]

1903 年，奥斯丁·刘易斯的英译本《费尔巴哈：社会主义哲学的根源》在芝加哥出版，并写有评论性导言。其余的英译本还有：杜德编辑的《路德维希·费尔巴哈和德国古典哲学的终结》，1936 年在伦敦出版，1970 年在纽约出版，这个英译本附录了马克思、恩格斯关于辩证唯物主义的其他材料。拉斯克编辑的《路德维希·费尔巴哈和德国古典哲学的终结》，1946 年在莫斯科出版，1947 年在伦敦出版。其他的英译本还有 1941 年的纽约版，1950 年的莫斯科版和 1969 年的莫斯科版（这两个莫斯科版本载有马克思的《关于费尔巴哈的提纲》）。[3] 此外，《费尔巴哈论》还被收入于《马克思恩格斯全集》英文版（MECW）第 26 卷。其"卷首前

---

[1] 参见胡永钦:《〈马克思恩格斯全集〉主要外文版本介绍》，《文献》1979 年第 1 期。

[2] 《马克思恩格斯全集》第 39 卷，人民出版社 1974 年版，第 190 页。

[3] 参见 [美] 尤班克斯编:《马克思恩格斯著作目录和马克思主义参考书目》，叶林等译，书目文献出版社 1987 年版，第 44—45 页。

言"指出，在《费尔巴哈论》一书中"恩格斯以积极的形式详细解释了许多至关重要的哲学问题：哲学的主题，唯物主义与唯心主义的斗争及其发展规律，马克思主义对待其哲学先驱首先是黑格尔和费尔巴哈的态度。最后，他揭示了马克思主义哲学即辩证唯物主义和历史唯物主义的本质，展示了它与此前既有的哲学体系之根本区别"[1]。

1925年，日文版的《费尔巴哈论》出版，后被收入《马克思恩格斯全集》日文版第12卷。

目前，国际学术界掀起了研究MEGA2的热潮，MEGA2就是《马克思恩格斯全集》历史考证版（Marx-Engels-Gesamtausgabe）第二版，《费尔巴哈论》被列入第Ⅰ部分第30卷，由俄法小组负责编译，包括正文卷和附属资料卷。

（二）汉译版本考察

在我国马克思主义经典著作编译史上，《费尔巴哈论》无疑是受关注度最高、中译版本最多的著作之一，这不仅突出表现为在新中国成立之前就涌现出了由不同译者所翻译的多个中译本，而且集中表现在新中国成立之后中央编译局的专家学者对专业术语的遴选和译文的修订完善上。接下来，对《费尔巴哈论》的中译本按照时间顺序作一简要梳理。

（1）郑超麟（笔名林超真）翻译，上海沪滨书局1929年10

---

[1] *Karl Marx & Frederick Engels Collected Works*, Vol.26, Lawrence & Wishart, 2010, Preface, p.xvii.

月出版，书名为《费儿巴赫与德国古典哲学的末日》，收录于《宗教·哲学·社会主义》（这本书还包含恩格斯的另外两部著作：《原始基督教史论》和《空想社会主义与科学社会主义》）一书第三部分第229—372页。根据拉法格的法文译本翻译，参照俄文本作了几处改正。这个译本包括普列汉诺夫的"俄文本第二版序"、"恩格斯序"，四章正文（未加章节标题）以及附录"马克思：费儿巴赫论纲要"。

（2）彭康（笔名彭嘉生）翻译，上海南强书局1929年12月出版，书名为《费尔巴哈论》。根据《马克思主义文库》第三篇德国学者赫尔曼·董克耳所编的德文本翻译，同时参考了奥斯丁·刘易斯的英译本和佐野文夫的日译本。这个译本包括董克耳的"编者序言""Ⅰ本文""Ⅱ附录""译者后记"四部分，其中"Ⅰ本文"又包括恩格斯的"序言""1.从黑格尔到费尔巴哈""2.观念论与唯物论""3.费尔巴哈底宗教哲学及伦理学""4.辩证法的唯物论"，"Ⅱ附录"又包括"1.费尔巴哈论纲""2.'费尔巴哈论'补遗""3.史的唯物论""4.法兰西唯物论史""5.马克思底唯物论及辩证法"。

（3）向省吾翻译，上海江南书店1930年4月出版，书名为《费尔巴哈与古典哲学的终末》。根据德文《马克思主义文库》第三卷翻译，参照了日文的两种译本（佐野文夫的与坂本胜的）。这个译本包括"译者序"、董克耳的"编辑者序"、恩格斯的"著者序"、"1.从韩格尔到费尔巴哈"、"2.唯心论与唯物论"、"3.费尔巴哈的宗教哲学和伦理学"、"4.辩证法的唯物论"和"附录（马克思，昂格尔斯唯物论资料）"，其中"附录"又包括如下五篇文献："马克思：费尔巴哈论""昂格尔斯：'致费尔巴哈论'的拾遗""昂格尔斯：唯物史观论""马克思：法国唯物论史"和"昂格尔斯：

马克思的唯物论与辩证法"。

（4）杨东莼、宁敦伍翻译，上海昆仑书店1932年5月出版，书名为《机械论的唯物论批判》。根据德文本翻译，收录了普列汉诺夫所写的注释。这个译本包括赫尔曼·董克耳的"发行者序言"、恩格斯的"序"、"一、从黑智儿到费儿巴哈"、"二、观念论与唯物论"、"三、费儿巴哈的宗教哲学与伦理学"、"四、辩证法的唯物论"和"附录"，其中"附录"部分包括如下八篇文献："一、费儿巴哈论纲""二、费儿巴哈论补遗""三、史的唯物论""四、法兰西唯物论史""五、马克思的唯物论与辩证法""六、费儿巴哈论纲原稿译文""七、观念论的见解与唯物论的见解之对立""八、蒲列哈诺夫对费儿巴哈的序文和评注"。

（5）青骊翻译，上海社会主义研究社1932年11月出版，书名为《费尔巴哈论（英汉合璧）》。这是个英汉对照版本，根据

1929—1938年在上海出版的《费尔巴哈论》中译本↑

第一章 《路德维希·费尔巴哈和德国古典哲学的终结》的创作缘起与出版传播 **027**

奥斯丁·黎威英文本翻译。这个译本包括"社会主义名著译丛总序""中译者序言""英译者导言""著者序言""一、从黑格尔到费尔巴哈""二、观念论与唯物论（或唯物论者的费尔巴哈）""三、费尔巴哈的宗教哲学及伦理学""四、辩证法的唯物论与唯物史观""附录：费尔巴哈论纲——马克思"。

（6）张仲实翻译，上海生活书店1937年12月出版，1938年2月再版，书名为《费尔巴哈论》（书内正文上方标有"费尔巴哈与德国古典哲学的末日"）。本书列入我国著名马列著作翻译家张仲实编辑出版的"世界名著译丛之二"。这个译本包括"译者序言"、E.西特科夫斯基为纪念费尔巴哈逝世65周年撰写的纪念文章"伟大的哲学家"、M.米丁为苏联《真理报》撰写的费尔巴哈逝世65周年纪念特刊论文"费尔巴哈与新兴哲学"、恩格斯的"序言"、"一、黑格尔与费尔巴哈"、"二、唯心论与唯物论"、"三、费尔巴哈的唯心论及道德论"、"四、历史唯物论"和"附录：费尔巴哈论纲（K.马克思）"。

需要特别指出，张仲实的这个译本在国内广受欢迎并多次再版。1949年11月解放社再版，书名改为《费尔巴哈与德国古典哲学的终结》，全书包括"译者序言"、"著者序言"、四章正文（未加章节标题）、"附录：费尔巴哈论纲（马克思）"。这个译本与以往一样仍为竖排本。1949年9月人民出版社再版，1957年10月在京、沪、沈、汉、渝发行第三版，书名为《费尔巴哈与德国古典哲学的终结》。这个译本包括恩格斯的"序言"、四章正文（未加章节标题）、"附录：马克思：关于费尔巴哈的提纲"、"注释"、"人名索引"、"普列汉诺夫为恩格斯'费尔巴哈与德国古典哲学的终结'一书俄译本所写的序言和注释"、"对普列汉诺夫译文的注释"和"中译本第三版校订后记（1956年9月24日）"。这个译本为横排本。

（7）曹真翻译，上海文源出版社1949年10月出版，书名为《费儿巴赫》。这个译本只包括四章正文（未加章节标题）和附录"马克思：费儿巴赫论纲要"，未收入恩格斯撰写的单行本序言。

（8）集体翻译、唯真校订的《费尔巴哈与德国古典哲学的终结》，载于《马克思恩格斯文选》第二卷（1965年），根据苏联马克思恩格斯列宁斯大林学院编辑、国立政治书籍出版局出版的第二卷俄文版本译出。这个译本包括恩格斯的"序言"、四章正文和马克思的"费尔巴哈论纲"。

（9）中共中央编译局翻译，载于《马克思恩格斯全集》（第一版）第21卷第301—353页，人民出版社1965年9月出版，书名为《路德维希·费尔巴哈和德国古典哲学的终结》。根据《马克思恩格斯全集》1962年柏林狄茨出版社德文版第21卷译出，参考俄文本、英文本等校订。这个译本只包括四章正文，没有序言和附录。

这个译本后来被收录于《马克思恩格斯选集》（第一版）第四卷第207—254页，人民出版社1972年5月出版，这个译本收录了恩格斯的"1888年单行本序言"和四章正文。继而又被收录于《马克思恩格斯选集》（第二版）第四卷第211—258页，人民出版社1995年6月出版，这个译本还包括恩格斯的"1888年单行本序言"和四章正文。后来又被列入"马克思列宁主义文库"，作为单行本于人民出版社1997年8月出版，单行本包括恩格斯的"1888年单行本序言"、四章正文、"马克思 关于费尔巴哈的提纲"（包括马克思1845年的稿本"1.关于费尔巴哈"和恩格斯1888年发表的稿本"马克思论费尔巴哈"）、"注释"和"人名索引"。

（10）成仿吾小组校译，中国人民大学出版社 1978 年 11 月出版，书名为《路德维希·费尔巴哈和德国经典哲学的结局》。这个译本包括恩格斯的"1888 年单行本序言"、四章正文、马克思的"关于费尔巴哈的提纲"和"注释"。

（11）中共中央编译局翻译，载于《马克思恩格斯文集》第四卷第 261—313 页，人民出版社 2009 年 12 月出版，书名为《路德维希·费尔巴哈和德国古典哲学的终结》。根据《马克思恩格斯全集》德文版第 21 卷翻译，依据《马克思恩格斯全集》历史考证版（MEGA2）、《马克思恩格斯全集》德文版（柏林）和《马克思恩格斯全集》英文版（莫斯科、伦敦、纽约）校订。这个译本包括恩格斯的"1888 年单行本序言"和四章正文，没有附录。

这个译本后来被收录于《马克思恩格斯选集》（第三版）第四卷第 217—265 页，

中国人民大学校园内的我国著名翻译家成仿吾的塑像 中新图片 / 草木↑

人民出版社 2012 年 9 月出版；在此基础上，又被列入"马列主义经典作家文库"，作为单行本于 2014 年 12 月由人民出版社出版。这个版本包括"编者引言"、恩格斯的"1888 年单行本序言"、四章正文、"附录：卡·马克思关于费尔巴哈的提纲"（包括马克思 1845 年的稿本"1.关于费尔巴哈"和恩格斯 1888 年发表的稿本"马克思论费尔巴哈"）、"注释"、"索引"和"插图"。

（12）中共中央编译局翻译，载于《马克思恩格斯全集》（第二版）第二十八卷第 317—367 页，人民出版社 2018 年 12 月出版，书名为《路德维希·费尔巴哈和德国古典哲学的终结》。根据《马克思恩格斯全集》2011 年历史考证版第 1 部分第 30 卷并参考《马克思恩格斯全集》德文版第 21 卷翻译，同卷收录了恩格斯的"1888 年单行本序言"和四章正文，没有附录。

需要指出的是，新中国成立之后，除了上述中译本之外，民族出版社还根据中共中央编译局的中译本翻译、出版了多个民族语言的版本，其中包括蒙文版（1975 年 3 月）、藏文版（1980 年 4 月）、维吾尔文版（1975 年 10 月）、朝鲜文版（1974 年 10 月）、哈萨克文版（1980 年 2 月）等民族文字译本。

(三) 研究现状综述

先看国外的相关研究。首先，《费尔巴哈论》的出版，不仅引起了梅林、普列汉诺夫、列宁等马克思主义理论家的极大关注，而且在世界范围内被广泛地翻译、研究和讨论，从而进一步推动了马克思主义理论的传播和发展。

弗兰茨·梅林在《论历史唯物主义》一文中指出，恩格斯的

《费尔巴哈论》"论述了促使他和马克思对于唯物主义历史观获致最初理解的历史发展的高度"[1]。梅林强调:"历史唯物主义并不是一个封闭的、以最后真理为其终点的体系;它只是研究人类发展过程的科学方法。""历史唯物主义完全不否认观念力量,只不过要把它追究到底,要弄明白观念是从哪里汲取力量的。""人的精神并不超乎人类社会的历史发展之上,而是在其中;人的精神是从物质生产里成长的,随着物质生产并和物质生产一同成长的。"[2]恩格斯本人对梅林上述关于唯物史观的阐释非常满意,他在致梅林的信中写道:"我从末尾,即从《论历史唯物主义》这篇附录谈起。在这里主要的东西您都论述得很出色,对每一个没有成见的人都是有说服力的。"[3]

普列汉诺夫不仅将《费尔巴哈论》译成俄文出版,而且专门为俄译本撰写过两篇序言和注释,他指出,"这本小册子,是集了这两位思想家(即马克思和恩格斯,引者注)的哲学观点的大成"[4],而且对当时的俄国读者而言意义重大,"因为在俄国,甚至连最进步的著作家对社会生活仍然顽固地坚持唯心主义的观点"[5],俄国的社会主义者要想彻底批判这种哲学上的反动派,"因而就要研究哲学。在哲学领域中,也象在经济和政治的领域中一样,马克思和恩格斯也是俄国社会主义者的最可信赖的领导者"[6]。

* * *

[1] [德]弗兰茨·梅林:《保卫马克思主义》,吉洪译,人民出版社1982年版,第4页。
[2] 同上书,第25、27页。
[3] 《马克思恩格斯选集》第4卷,人民出版社2012年版,第641页。
[4] 《普列汉诺夫哲学著作选集》第一卷,生活·读书·新知三联书店1959年版,第503页。
[5] 同上。
[6] 同上书,第502页。

列宁在《唯物主义和经验批判主义》一书中多次直接援引恩格斯《费尔巴哈论》中的观点来驳斥马赫主义等错误思潮，他写道："所有这些被切尔诺夫先生提到的权威，就是恩格斯在《路·费尔巴哈》的同一页上讲到的那些新康德主义者，恩格斯把他们看作是企图使早已被驳倒的康德和休谟学说的僵尸重新复活的理论上的反动分子。好样儿的切尔诺夫先生不懂得，恩格斯在自己的议论中所要驳斥的正是这些（在马赫主义看来是）权威的糊涂教授们！"[1]"如果我们的马赫主义者在恩格斯的书中读到唯物主义的基本特征是把自然界而不是把精神当作第一性，因而就非常惊异，这只是表明他们在分辨真正重要的哲学派别同教授们的故弄玄虚、咬文嚼字方面无能到了什么地步。"[2] 列宁还高度评价了《费尔巴哈论》一书在马克思主义哲学史上的重要地位："马克思和恩

列宁在《唯物主义和经验批判主义》中曾多次引用恩格斯的观点驳斥马赫主义等错误思潮。图为列宁　海峰 / 供图↑

[1]　《列宁选集》第 2 卷，人民出版社 2012 年版，第 75 页。
[2]　同上书，第 123 页。

格斯最坚决地捍卫了哲学唯物主义，并且多次说明，一切离开这个基础的倾向都是极端错误的。在恩格斯的著作《路德维希·费尔巴哈》和《反杜林论》里最明确最详尽地阐述了他们的观点，这两部著作同《共产党宣言》一样，都是每个觉悟工人必读的书籍。"[1]

其次，国外学界有的学者专门围绕《费尔巴哈论》这一著作进行文本解读和研究，并撰写相关专著，如纳尔斯基和罗申达里等；有的学者则将《费尔巴哈论》与《反杜林论》、《自然辩证法》等恩格斯晚年著作放在一起加以总体性考察，如弗兰尼茨基、科拉科夫斯基和麦克莱伦等。

苏联学者纳尔斯基认为："恩格斯的著作《终结》，是马克思主义的基本著作之一。通过对马克思主义以前那个时期德国资产阶级哲学鼎盛阶段的各个高峰进行哲学史的考察，恩格斯分析了马克思主义同它的主要哲学理论来源的关系，同时还对辩证唯物主义和历史唯物主义的基本原理作了出色的阐述。"[2] 关于哲学基本问题，纳尔斯基指出："哲学基本问题的两个方面在其某种特定的解决办法中是彼此互相依赖的，物质的第一性如果对它作辩证唯物主义的理解，不仅意味着意识的第二性，而且意味着物质可能被它的产物——意识所认识，并且在实践以外和离开实践就不可能有成功的认识。另一方面，要正确地解决关于世界可知性的问题，就必须依靠对基本问题的第一个方面的科学的哲学的解决，这种解决说明，意识是物质的产物，这种产物是在人类的社会历史实践的过程

---

1 《列宁选集》第 2 卷，人民出版社 2012 年版，第 310 页。
2 [苏] 纳尔斯基：《恩格斯的〈路德维希·费尔巴哈和德国古典哲学的终结〉一书和现代》，载《马列主义研究资料》1987 年第 1 辑，人民出版社 1987 年版，第 63 页。

中产生的。"[1]针对西方学者把作为"科学主义者"的成熟的恩格斯的观点同据说对哲学基本问题不感兴趣的作为人道主义者的青年马克思的观点对立起来的做法，纳尔斯基直接反驳道："这种论断是极其错误的。要知道，在恩格斯看来，要解决关于思维对存在的关系这个哲学基本问题，离开对人同他的周围世界和其他人的关系的考察，是不可思议。""在本书中占有如此显著地位的恩格斯反对不可知论的全部斗争，都充满了人道主义思想。"[2]"资产阶级哲学家把马克思的提纲说成是'总体上人道主义的'，而把恩格斯关于费尔巴哈的书说成是'狭隘科学主义的'，从而把前者同后者对立起来。但是，这些作为全是白费心机。马克思关于费尔巴哈的提纲和恩格斯著作《终结》的思想具有内在的完全统一，这是毋庸置疑的。"[3]

苏联学者罗申达里指出，《费尔巴哈论》是"马克思主义哲学的经典著作之一，本子虽然不大，但把辩证唯物论与历史唯物论的各方面作了深刻而明确的阐明"，"是帮助我们掌握唯一科学的世界观即马克思主义，教导我们如何为劳动人民幸福的新生活而斗争的理论宝库的一部分"[4]。"然而《费尔巴哈论》一书的特殊价值却在于：以马克思主义底世界观与黑格尔及费尔巴哈底观点相对立，恩格斯提出了马克思主义哲学的唯物论、唯物辩证法、认识论、历史唯物论的一切基本问题，并一一作了深刻而简明的卓越回答。恩格

---

[1] [苏]纳尔斯基：《恩格斯的〈路德维希·费尔巴哈和德国古典哲学的终结〉一书和现代》，载《马列主义研究资料》1987年第1辑，人民出版社1987年版，第67页。

[2] 同上书，第68页。

[3] 同上书，第80页。

[4] [苏]罗申达里：《论恩格斯著〈费尔巴哈与德国古典哲学的终结〉》，明河译，五十年代出版社1953年版，第1页。

斯这一著作，用自然界和社会底发展规律以及世界底革命转化规律底知识，武装了工人阶级及其政党。它是为领导工人阶级反对资产阶级、小资产阶级哲学以及一切类型的机会主义的斗争而服务的。"[1]

南斯拉夫著名哲学家普雷德拉格·弗兰尼茨基在其哲学史巨著《马克思主义史》中，将《费尔巴哈论》与恩格斯晚年的其他著作《反杜林论》《自然辩证法》放在一起予以总体性考察，"这首先是因为恩格斯在这些著作中的观点和论点，尽管在表述方式上略有差别，但基本上是一致的"[2]。弗兰尼茨基分别围绕"基本观点""实践的原则""认识的问题""辩证法问题""某些逻辑问题""必然和自由""意识形态、道德和宗教""唯物史观""国家的产生和消亡"等专题进行了细致的讨论。弗兰尼茨基指出："总体的观点，把历史问题看作整体，而不是根据这种或那种'因素'来进行考察——这不仅是当时对马克思主义的解释的基本缺点，而且是直到今天对马克思主义的理解的基本缺点。"[3]因此，他特别强调对唯物史观进行总体性的阐释。关于马恩关系，弗兰尼茨基认为，"恩格斯是马克思的最亲密的同志和战友，他的名字同一种新的、具有历史意义的关于人和历史的观点以及关于当代社会主义过程的观点的诞生联系在一起"[4]。

波兰哲学家莱泽克·科拉科夫斯基在《马克思主义的主要流

---

[1] [苏]罗申达里：《论恩格斯著〈费尔巴哈与德国古典哲学的终结〉》，明河译，五十年代出版社1953年版，第2页。
[2] [南斯拉夫]普雷德拉格·弗兰尼茨基：《马克思主义史》第1卷，胡文建等译，黑龙江大学出版社2015年版，第217页。
[3] 同上书，第245页。
[4] 同上书，第257页。

派》中将《反杜林论》、《费尔巴哈论》和《自然辩证法》作为一个整体加以考察,"这三部著作与马克思的不同,它们探讨按照传统被视为属于哲学的问题,为一种以辩证唯物主义为名,并且后来被正式视为'马克思主义本体论和认识论'的教条陈规勾画出一个轮廓"[1]。科拉科夫斯基着重就《费尔巴哈论》中涉及的"唯物主义与唯心主义、哲学的衰落""自然辩证法和思维辩证法""对不可知论的批判""认识的相对性""实践是真理的标准""宗教的起源"等问题进行了讨论。关于马恩关系,科拉科夫斯基总结道:"要概述马克思和恩格斯的观点的不同,我们可以说,他们之间有着悬殊的差别。首先是自然主义进化论与人类中心说之间的差别;其次是对认识进行的技术性阐释与实践的认识论之间的差别;再则是在'哲学的衰落'这一思想与哲学融入整个生活这一思想之间的差别;最后是在无限发展与革命末世学之间的差别。"[2]

英国著名马克思主义研究者戴维·麦克莱伦认为,"恩格斯对马克思主义最突出的贡献是对一种具有潜在科学性的马克思主义'哲学'的系统化。他在三部主要论著中完成了这一工作"[3],其中一部便是《费尔巴哈论》。麦克莱伦强调:"对恩格斯的唯物主义而言,最核心的是他对黑格尔的理解。""在老年黑格尔创造体系的做法与恩格斯在自然科学基础上使马克思主义体系化的倾向之间有某些相似之处。""恩格斯的目标是建立一门像黑格尔的体系那样包罗万象

---

[1] [波]莱泽克·科拉科夫斯基:《马克思主义的主要流派》第1卷,唐少杰等译,黑龙江大学出版社2015年版,第383页。

[2] 同上书,第413页。

[3] [英]戴维·麦克莱伦:《恩格斯传》,臧峰宇译,中国人民大学出版社2017年版,第77页。

的体系化的唯物主义；如果说这个体系主要以'物质'代替'精神'作为绝对物，恐怕不算是过分简单化的评价。"[1]

最后，国外学界有的学者特别强调《费尔巴哈论》在马克思主义哲学史上的重要地位，有的学者则分别围绕《费尔巴哈论》中涉及的诸如哲学基本问题、费尔巴哈对马克思主义形成的影响以及马克思与恩格斯的关系等具体问题展开了充分的讨论和研究。

奥斯丁·刘易斯在"英译者导言"中指出，《费尔巴哈论》"这部著作是恩格斯对于达到他们哲学结论的方法之证明；是共同奠定社会主义的理论家对于近代社会主义的哲学基础之阐发；它又是一个老年人对于其平生研究的案件之最后评判。因为这样简短的著作，却代表着四十年间孤心苦诣努力的缘故"[2]。

德国学者乌尔苏拉·贝克尔指出，恩格斯将《新时代》视作"一个极其值得掌握住的堡垒"，并通过在杂志上发表文章直接为实现《新时代》所面临的任务作出了重要贡献，《费尔巴哈论》即是如此。"每当有人询问如何理解唯物主义历史观的时候，恩格斯总是让人们去研究这部著作。他把《路德维希·费尔巴哈和德国古典哲学的终结》第四章中对经济基础和上层建筑之间的相互关系所作的理论概括，作为对英国关系进行唯物主义解释的基础，从而使这种理论概括重新得到证实并同时进一步被确证。"[3]

---

[1] [英]戴维·麦克莱伦：《恩格斯传》，臧峰宇译，中国人民大学出版社2017年版，第86页。

[2] [德]恩格斯：《费尔巴哈论（英汉合璧）》，青骊译，上海社会主义研究社1932年版，"英译者导言"，第10页。

[3] [德]乌尔苏拉·贝克尔：《恩格斯对〈新时代〉捍卫历史唯物主义的支持》，载冯章主编：《马克思主义研究资料第15卷：马克思主义哲学研究Ⅰ》，中央编译出版社2015年版，第323页。

苏联学者戈尔什科娃强调，恩格斯不仅给马克思关于社会的学说起了名称，而且还最先对作为哲学社会学的一门科学的历史唯物主义作了系统的阐述。戈尔什科娃指出，在《费尔巴哈论》中，"社会存在和社会意识的辩证法，对上层建筑积极作用的全面论证是中心问题"[1]。

苏联学者 M. 米丁着重强调了《费尔巴哈论》在列宁反对各种错误思潮的斗争中所产生的积极影响，他指出，费尔巴哈的著作"浸透着科学的热诚，充满着反对牧师主义和唯心论的烈火，及对人，对知识，对科学能战胜愚昧的信仰"，因此，"列宁在《唯物论与经验批判论》一部天才的著作中，把费尔巴哈在唯物论发展史上的作用和意义，估价很高。在反对马赫派的唯心论的反动的斗争中，在反对二十世纪初好战的宗教主义的斗争中，列宁曾引举了好多费尔巴哈的意见——反对唯心论，反对所谓生理学的唯心论的论据，并且表明在现在的条件之下，费尔巴哈唯物论的武器，如何还可利用来与唯心论作斗争"[2]。

关于哲学基本问题，苏联著名哲学家博·米·凯德洛夫指出："恩格斯对任何哲学的基本问题的解释的特点在什么地方呢？就在于他使这个问题超出了旧哲学的代表们所作的那种传统解释意义上的'纯粹的'认识论（即把认识论脱离辩证法和逻辑而独立出来）

---

[1] [苏]戈尔什科娃:《恩格斯和唯物史观》，载冯章主编:《马克思主义研究资料第 15 卷：马克思主义哲学研究 I》，中央编译出版社 2015 年版，第 213 页。

[2] [苏] M. 米丁:《费尔巴哈与新兴哲学》，载恩格斯:《费尔巴哈论》，张仲实译，上海生活书店 1937 年版，第 16 页。

的狭窄范围，把它提高到整个辩证法的根本问题的水平。"[1]这就意味着在恩格斯看来，唯物主义的认识论就是认识过程的辩证法，面对思维与存在的关系问题，"恩格斯是从辩证法的一般原则出发作出回答的，并且首先是从历史主义原则引申出这个回答的。这就是说，在这个场合，也像在任何地方一样，在恩格斯看来，辩证法就是认识论，它表现了自己的认识论职能"[2]。凯德洛夫还强调，恩格斯在《费尔巴哈论》中提出了"从马克思主义立场出发百科全书式地把握一切社会科学这个总问题"，在他看来，存在两种不同类型的社会科学，一是结构科学，研究社会的各个结构方面即社会的基础和上层建筑；二是一般历史科学，研究作为一个统一的、相互联系、相互作用的整体的社会。"在马克思主义中社会科学的两种类型彼此是不可分割地联系在一起的"，恩格斯在"《费尔巴哈论》"等著作中指出了它们的相互联系和不可分割性。如果说历史主义这一特征是一切马克思主义关于社会的科学所固有的特征的话，那么世俗史无非是一切方面相互作用的人类社会的发展史，而结构类型的各门科学则分别研究人类社会的各个方面；因此，世俗史的对象是一切社会科学的对象综合起来的总和，是这些对象的相互作用和相互依赖关系"[3]。于是，现代的马克思主义使一切社会科学汇合成一个统一的科学体系。

日本学者牧野广义梳理了日本学界关于《费尔巴哈论》提出的

---

[1] [苏]博·米·凯德洛夫：《恩格斯是精通马克思主义科学的百科全书式的学者》，载林进平主编：《马克思主义研究资料第24卷：马克思主义综论Ⅱ》，中央编译出版社2015年版，第155页。

[2] 同上书，第155—156页。

[3] 同上书，第164页。

"哲学基本问题"的几种不同见解:"第一,认为哲学的基本问题是人的意识在对外界的理论关系中产生的问题,因而,这一问题显然是认识论性质的问题(岩崎允胤、宫原将平、岩佐茂和科普宁等人的观点)。第二,认为哲学的基本问题主要是论述自然界是本原的问题,因而,当我们谈论哲学的基本问题中的物质和意识的关系时,阐明其发生的关系,才是至关重要的,忽视这一点,就不可能论述两者的关系。这种观点认为,第一种理解过于偏重认识论方面,应该从本体论角度去理解这一问题(福田静夫、芝田进午的观点)。第三,在认识论(唯物主义)和历史唯物主义方面,分别提出基本问题,不能把一方还原为另一方,两者应当并存(G.施蒂勒)。第四,认为哲学是意识形态之一,所以,哲学的基本问题也应理解为历史地发生的产物。这种观点认为,只有阐明这一问题的历史发生的基础,才能建立哲学基本问

恩格斯在《费尔巴哈论》中提出从马克思主义立场出发把握一切社会科学这个总问题的观点。图为《恩格斯诞辰200周年》纪念邮票　中新图片 / 王建康↑

题的根据（芝田进午、佐藤和夫的观点）。"[1] 随后，牧野广义给出了自己的解释："关于'哲学的基本问题'的性质，我的观点可以概括如下：我认为它是以认识论的问题为中心，与世界观的问题相联系的问题，这一性质既贯穿在第一'本原性'的方面，又贯穿在第二'认识可能性'的方面。""在'哲学基本问题'中，认识论问题是焦点，但是它同时具有世界观的意义，正因为同世界观问题直接连结在一起，才成为基本问题。"[2]

关于费尔巴哈对马克思的影响，德国学者安讷莉泽·格里泽指出，"人们在评阅哲学史文献时会发现，尽管路德维希·费尔巴哈对马克思和恩格斯哲学发展的意义基本上明确了，但他对他们自然观的影响，首先对他们与自然科学的实际关系的影响几乎没有受到重视"[3]。格里泽认为，费尔巴哈对自然科学的深入研究反映在他在1841—1846年间所写的哲学著作中，"这些著作包含了对黑格尔哲学的原则性批判以及他向哲学唯物主义的转变。在这些著作中通过与宗教观念的争论，他的唯物主义自然观得到了更详尽的阐述"[4]。"这种自然观比人们从对恩格斯著作的简单引用中所能了解到的内容更为丰富，其自然科学的基础更为牢固。"[5] "费尔巴哈关于自然和自然科学观点的直接影响在他们的一些文章中直到《德意志意识形

---

* * *

1 ［日］牧野广义：《论"哲学的基本问题"的性质》，载林进平主编：《马克思主义研究资料第 35 卷：国外马克思主义研究Ⅰ》，中央编译出版社 2015 年版，第 116 页。

2 同上书，第 127—128 页。

3 ［德］安讷莉泽·格里泽：《路德维希·费尔巴哈与马克思和恩格斯的自然科学研究》，载冯章主编：《马克思主义研究资料第 15 卷：马克思主义哲学研究Ⅰ》，中央编译出版社 2015 年版，第 40—41 页。

4 同上书，第 45 页。

5 同上书，第 49 页。

态》都有据可查。所以，费尔巴哈对马克思早期的自然科学研究也具有深远意义。"不过，与马克思和恩格斯不同的是，"费尔巴哈既未努力使自然科学纳入现代资产阶级社会的系统分析中，又未像《自然辩证法》中所做的那样试图依据黑格尔的本质论创立并详细阐述唯物和辩证的自然哲学"[1]。

苏联学者西特科夫斯基认为，"费尔巴哈的唯物论，对马恩二氏唯物论宇宙观的形成上，曾有很大的影响。不过马恩二氏除对费氏尽了敬重的义务外，并且前进的更远，而在建立普罗（即无产阶级）哲学学说的道路上，必然对费尔巴哈唯物论的缺点，要加以辛辣的批评，而且已经加了严峻的批评"[2]。

针对西方学者炮制的"马恩对立论"，俄罗斯著名学者格奥尔基·巴加图利亚强调，马克思和恩格斯在观点上是基本一致的，同时他们之间也有分工，存在着一种互补原则。这种理解有助于我们区分出他们两人对马克思主义理论的各自的贡献。"恩格斯的功绩首先是他认识到马克思主义在人类思想史上的地位——他确定了马克思主义同它的理论来源之间的关系：古典哲学，首先是从康德到黑格尔和费尔巴哈的德国古典哲学"[3]，而这恰是在《费尔巴哈论》一书中详尽阐发的。同时，巴加图利亚特别指出，在《费尔巴哈论》中，恩格斯以马克思的名字命名和他的同伴创立的理

---

[1] [德]安讷莉泽·格里泽:《路德维希·费尔巴哈与马克思和恩格斯的自然科学研究》，载冯章主编:《马克思主义研究资料第15卷：马克思主义哲学研究Ⅰ》，中央编译出版社2015年版，第55页。

[2] [苏]西特科夫斯基:《伟大的哲学家》，载恩格斯:《费尔巴哈论》，张仲实译，上海生活书店1937年版，第5—6页。

[3] [俄]格奥尔基·巴加图利亚:《恩格斯对马克思学说的贡献》，徐洋摘译，《国外理论动态》2005年第11期。

论,这"不只表现了作者的谦逊,同时也是对一个客观事实的描述"[1]。

德国学者赫尔曼·董克耳在"编者序言(1927年2月)"中指出,恩格斯在《费尔巴哈论》中充分叙述了"马克思主义一方面对于黑格尔的辩证法及他方面对于费尔巴哈的唯物论的关系",深度探究了"费尔巴哈的抽象的唯物论变到具体的史的唯物论之马克思的扩张"[2],而且"特别对于无产阶级的自由思想家——对于他们,恩格斯的《费尔巴哈论》是应做参考书,也应做教科书——是会很明白的罢:现在只有在什么地方才拥护且

马克思把费尔巴哈的机械唯物主义提炼升级为广为人知的辩证唯物主义。图为马克思 文化传播 / 供图 ↑

1 [俄]格奥尔基·巴加图利亚:《恩格斯对马克思学说的贡献》,徐洋摘译,《国外理论动态》2005年第11期。
2 [德]恩格斯:《费尔巴哈论》,彭嘉生译,上海南强书局1929年版,"编者序言",第2—3页。

尊重了纯粹且正确的马克思主义"[1]。关于马克思与恩格斯关系的争论，董克耳指出，"在这两个科学的共产主义的祖师间分工，马克思担当了经济学的理论的工作，而恩格斯却主要地献身于马克思主义的辩护及普及。所以恩格斯的著作特别地对于我们成问题是决非偶然的事"。但是如果据此声称"恩格斯代表了和马克思不同的立场"，则是一个"狡猾的见解"，因为众所周知，二人不仅在思想上互相讨论，而且马克思将恩格斯的主要著作在原稿时就已经精密地读过了，他决不会放过关于马克思主义的不正当的或错误的说明，所以，"人们决不能想用恩格斯来把马克思修正主义地订正！"[2]

针对弗雷迪里克·本德等人认为恩格斯在《费尔巴哈论》中论证支持了本体论唯物主义和独断的化约主义[3]，约瑟夫·费雷罗指出："恩格斯并没有论述一种本体论意义上的物质，即那种通过质的变化来维持自身永恒不变的物质。他用'物质'这个词的目的是为了说明现实的感性世界。""对于恩格斯来说，在其晚期著作中，物质并非一种始终处于变化当中当作仍保留其不可更改之实质的本体论实体，毋宁说，'物质'这个词被用来说明现实的可感世界，我们都是其中一部分；因而，只要物质不是一种本体论的实体，那么与本体所确认的内容相反，恩格斯在其著作中并没有堕入化约主义。"[4]

再看国内学界的相关研究。国内关于《费尔巴哈论》的研究大

---

[1] [德]恩格斯：《费尔巴哈论》，彭嘉生译，上海南强书局1929年版，"编者序言"，第16页。
[2] 同上书，第12—13页。
[3] Frederic L. Bender, *The Betrayal of Marx*, New York, Harper and Row, pp.28–29.
[4] Joseph Ferraro, "Engels as An Ontological Materialist", *in Studies in East Europe Thought*, Vol.37, No.2, 1989, pp.135–150.

体上可以分为早期译介、争论批判、深度研究三个阶段。

第一，早期译介阶段，主要是新中国成立之前不同中译者对《费尔巴哈论》的主要内容、哲学地位以及翻译的必要性和紧迫性作了概述。

彭嘉生在"译者后记（1929年12月）"中指出，恩格斯在《费尔巴哈论》"这部书里主要的并不是叙述费尔巴哈的哲学，而是借批判费尔巴哈的观照的（即直观的）唯物论来确立马克思主义的哲学——辩证法的唯物论"，本书详细地阐明了辩证法的唯物论"之所以发生的社会的原因及哲学史上的发展的系统"[1]。

向省吾在"译者序（1929年9月）"中强调，对于半殖民地的中国而言，《费尔巴哈论》这部著作的译介可以说是"正合时宜"，因为"在凡一切革命的斗争运动期内及这种革命运动未公然的表现出来以前，都必得有一种精神的先觉者，来指导及促进这种运动，换言之，必得有代表这种革命阶级的思想家，来供给这种革命阶级以精神上的粮秣"，而能提供此种精神粮秣的，既不是中国的圣贤，也不是欧美的先哲，"于是便只有与帝国主义者为不共戴天的敌人——革命阶级的思想家（马克思），才能真正成为中国革命民众的先觉者。只有这一派的思想，才能适合中国民众的胃口"[2]。

青骊指出，《费尔巴哈论》是"社会主义的哲学的主要文献之一"[3]。张仲实在"译者序言（1937年12月）"中指出，《费尔巴哈

---

[1] [德]恩格斯：《费尔巴哈论》，彭嘉生译，上海南强书局1929年版，"译者后记"，第219页。

[2] [德]恩格斯：《费尔巴哈与古典哲学的终末》，向省吾译，上海江南书店1930年版，"译者序"，第2—3页。

[3] [德]恩格斯：《费尔巴哈论（英汉合璧）》，青骊译，上海社会主义研究社1932年版，"中译者序言"，第1页。

论》"可以说是新兴哲学的经典。书虽是小册子的形式，但是里面关于新兴哲学的各项基本问题，都有简单而扼要的原则上的阐述。所以，伟大的新兴哲学家，都是拿本书作圭臬的"[1]。

第二，争论批判阶段，主要是新中国成立后到党的十一届三中全会前，这一阶段的《费尔巴哈论》研究中有一哲学事件影响较大，那就是围绕"思维与存在的同一性问题"展开的哲学大讨论。我国哲学界关于这个问题的讨论是从20世纪50年代中央党校的课堂上开始的。学员在学习《费尔巴哈论》第二章中关于哲学基本问题第二方面时发生了争论。艾思奇在回答这个问题时认为，恩格斯肯定了思维与存在的同一性，而对思维与存在的同一性问题既可以作唯心主义解释，也可以作唯物主义解释。杨献珍则不同意这种观点，认为"思维与存在的同一性"是唯心主义的命题，是思维存在等同论。随后，《哲学研究》1958年第1期刊登了郭月争的《思维与存在的同一性问题是哲学基本问题的第二个方面》一文，1959年10月11日的《光明日报》刊发于世诚的文章《思维与存在的同一性是唯物主义的原理吗？》，表示不同意郭月争的观点，由此便开始了一场关于"思维与存在同一性问题"的争论。在报刊上发表文章赞成或基本同意杨献珍观点的有于世诚、李唯一、腾云起等，赞成或基本同意艾思奇观点的有郭月争、王若水、关锋、周景方等。双方分歧集中表现在如下三个方面：思维和存在的同一性是否从来就是唯心主义命题，思维和存在有没有同一性，思维与存在的同一性和反映论是否对立。

---

1 [德]恩格斯：《费尔巴哈论》，张仲实译，上海生活书店1937年版，"译者序言"，第1页。

艾思奇雕像　黄豁/供图↑

这场争论前后持续了20多年，论题涉及哲学基本问题、认识论问题、辩证法问题、哲学史问题等，是新中国成立后一次历时最长、规模较大、争论较激烈的哲学讨论。毛泽东对此也很关注，他在读苏联《政治经济学（教科书）》的谈话中提到，说思维和存在不能等同，是对的，但是因此就说思维与存在没有同一性，则是错误的。有人担心，承认思维与存在的同一性，会同唯心主义划不清界限。毛泽东回答说，只要肯定存在是第一性的、思维是第二性的，我们就同唯心主义划清界限了，然后还要进一步解决客观存在能否认识、如何认识的问题。我们说思维与存在的同一，不是说二者等同，

而是说思维能反映客观存在的性质和运动。毛泽东还从主观辩证法和客观辩证法的一致性上说明思维与存在的同一性。

此外,当时中央党校、北京大学哲学系、中国人民大学哲学系、五院校联合编写组(中山大学、北京师范大学、武汉大学、哈尔滨师范大学、黑龙江大学)等院系纷纷编写出版了提要、注释、讲解、解说《费尔巴哈论》的参考资料,但这些参考材料自觉不自觉地带有那个时代的意识形态色彩。

第三,党的十一届三中全会之后,随着实事求是思想路线的恢复和学术风气的好转,国内学界对《费尔巴哈论》的研究也逐渐走向深入,围绕《费尔巴哈论》的理论地位、逻辑结构、争论焦点及其当代价值,涌现出了一大批优秀的学术成果。

首先,关于《费尔巴哈论》的理论地位,庄福龄认为,《费尔巴哈论》是"恩格斯坚持科学、坚持马克思主义哲学、坚持未来,出于历史责任感的郑重而负责的表现,是马克思主义哲学上面向新世纪(20世纪)的纲领性著作"。恩格斯作出的关于区分哲学阵营的科学界定"就是面向新世纪的最好的奉献,其意义不仅在于澄清了当时的种种混乱,还唯物论和唯心论以本来的意义,给数千年来纷繁复杂、观点各异的哲学史梳理出一个清晰的线索和鲜明的阵营,更重要的在于它为下个世纪即20世纪仍将出现的曲解和诽谤唯物论的挑战提供了科学辨析的武器,为马克思主义唯物论或唯物史观进一步走向历史的深处作了有力的开拓"[1]。

李士坤强调,《费尔巴哈论》在马克思主义哲学发展史上具有

---

[1] 庄福龄:《恩格斯及其面向新世纪的哲学纲领——〈费尔巴哈〉的读书笔记》,《江西社会科学》1995年第7期。

非常突出的地位，它是恩格斯晚年完成的一部重要著作。"这部著作使我们获得了学习和研究马克思主义哲学最好的材料，人们把这部著作看作是集马克思、恩格斯这两位思想家的哲学观点的大成，具有马克思主义哲学教科书的意义。"[1]

卓新平指出，《费尔巴哈论》是"马克思主义宗教观成熟表述的重要代表作"，他通过探讨马克思主义经典作家对宗教与社会、政治、经济等方面关系的分析研究，系统论述了马克思主义的宗教观，并强调"我们不能把马克思主义根据其经典作家所处社会时代背景所得出的有关宗教的某些具体结论作为教义或教条来信守，而必须牢记并适用其科学方法来理论联系实际，根据今天的社会现实作出对当下宗教的客观、正确判断，处理好我们今天执政者与当代宗教的关系。这才是恩格斯《路德维希·费尔巴哈和德国古典哲学的终结》一书关于宗教理解的真谛"[2]。

胡大平在《回到恩格斯》一书中，将《费尔巴哈论》定位为"唯物史观形成史的科学阐述"，强调"恩格斯在《终结》中的论证，只是试图以自然科学进步和社会历史变迁为背景来说明唯物主义历史观是新的科学。在论证过程中，他试图以通俗的方式解释唯物主义的历史发展，将唯物主义历史观置于这一历史之中，使之成为时代科学的要求"[3]。在恩格斯提供的方案中，尽管他确实因为通

---

[1] 李士坤:《学习马克思主义哲学的最好教材——〈费尔巴哈论〉解读》,《高校理论战线》2006年第8期。

[2] 卓新平:《论恩格斯〈路德维希·费尔巴哈和德国古典哲学的终结〉的宗教观》,《世界宗教研究》2012年第6期。

[3] 胡大平:《回到恩格斯:文本、理论和解读政治学》,江苏人民出版社2011年版,第328—329页。

俗化表述而把唯物主义史观图式化了，"但到目前为止，在马克思主义与德国古典哲学关系的理解上，要说我们已经找到一个比恩格斯更优越的思路，恐怕也不是事实"[1]。

张绪文指出，《费尔巴哈论》包括丰富的内容，比如，关于哲学基本问题的科学概括和全面阐述，关于发现唯物史观的历史回顾和重大意义的阐述，等等。"如果问：《费尔巴哈论》的魅力何在？什么东西使得这部书具有一种震撼力、感染力，使人读后终生难忘？我认为是该书所深刻论述的辩证发展观，恩格斯称之为'一个伟大的基本思想'。"[2] 阮青等认为，《费尔巴哈论》这部著作堪称"马克思主义哲学概论，也成为马克思主义哲学发展史上马克思、恩格斯阶段的总结性成果"[3]。

其次，关于《费尔巴哈论》的逻辑结构，郭滢、刘怀玉提出，《费尔巴哈论》包含着一明一暗两个基本论题。"明线是哲学基本问题论，恩格斯将马克思主义哲学归入了唯物主义的阵营，确立了它与旧唯物主义和费尔巴哈哲学在自然观上的密切关联，并明确了它是黑格尔唯心辩证法的真正继承者。暗线是哲学终结论，恩格斯借助马克思主义哲学对体系哲学和纯认识论的哲学的终结，道出了马克思主义哲学的本质是一种以实践为中心、以改造世界为己任的辩证的、总体性的和实践的科学思维方法。"[4]

---

[1] 胡大平：《回到恩格斯：文本、理论和解读政治学》，江苏人民出版社2011年版，第328—329页。

[2] 张绪文：《从马克思主义经典著作中汲取思想力量——张绪文同志访谈录》，《学习时报》2017年4月28日。

[3] 阮青等：《十五部马恩经典著作导读》，人民出版社2018年版，第229页。

[4] 郭滢、刘怀玉：《马克思主义的哲学基本问题论与哲学终结论——读〈路德维希·费尔巴哈和德国古典哲学的终结〉的再思考》，《南京政治学院学报》2016年第6期。

吴猛、张晓萌认为，恩格斯的《费尔巴哈论》包含着双层叙述结构，"其显性结构为'黑格尔—费尔巴哈—马克思'，其隐性结构为'哲学革命与政治革命—马克思哲学与工人运动'"[1]。要理解这两个叙述结构的关系，就要首先把握这两者的叙述起点之间的关系，"而这里的关键，正在于理解海涅在《论德国宗教与哲学的历史》中所阐述的哲学革命与政治革命的关系"[2]。也只有将海涅1834年的文本作为恩格斯1886年文本的参照系，我们才能理解何以施达克的著作会马上引使恩格斯"返回"到那个"德国准备1848年革命的时期"：恩格斯将从海涅那里移植过来的"哲学—革命"范式运用到了费尔巴哈哲学与时代的关系的理解中，将费尔巴哈哲学置入整个德国19世纪的"革命"语境中加以考察。

李成旺考察了《费尔巴哈论》的中心线索和基本逻辑，指出贯穿该书的中心线索恰恰在于，恩格斯通过着重探赜以"逻辑在先"为特征的传统形而上学发展到其理论顶峰即黑格尔哲学的过程，在呈现黑格尔辩证法历史进步意义的同时又指出其出现内在矛盾的必然性，特别是费尔巴哈以"感性在先"取代"逻辑在先"依然陷入抽象形而上学思维的深层根源，进而全面揭示"在劳动发展史中找到了理解全部社会史的锁钥"的马克思主义哲学何以实现了对黑格尔辩证法的批判性改造，从中真正彰显出辩证法的革命性。[3]

...

[1] 吴猛、张晓萌：《从黑格尔到海涅：论恩格斯〈路德维希·费尔巴哈与德国古典哲学的终结〉的叙述起点》，载复旦大学当代国外马克思主义研究中心编：《当代国外马克思主义评论》(11)，人民出版社2013年版，第192页。

[2] 同上书，第208页。

[3] 参见李成旺：《对传统形而上学的批判性改造与马克思主义哲学变革——重释〈费尔巴哈论〉的中心线索与基本逻辑》，《科学社会主义》2021年第3期。

知识链接

1848 年革命

1848 年革命指的是 19 世纪上半叶在欧洲的法国、德国、意大利等国相继发生的一场大规模的资产阶级民族民主革命。革命爆发的根本原因是随着资本主义而发展起来的新生产力、生产关系同已经过时的封建关系的矛盾以及资本主义本身的矛盾日益尖锐化。1845—1846 年的农业歉收、1847 年蔓延整个欧洲的工商业危机,促使阶级矛盾激化,导致革命爆发。1848 年 1 月意大利的起义揭开了 1848 年革命的序幕,法国二月革命震撼全欧洲,并引发了德意志的三月革命,接着,东南欧各被压迫民族也相继起义,开始了争取民族独立的斗争。以 1848 年 6 月巴黎工人起义被镇压为标志,革命转入低潮,到 1849 年,各地革命先后以失败告终。这场革命的直接任务和基本性质,虽然是资产阶级民主革命,但它表现出不同于以往资产阶级革命的显著特点,无产阶级作为独立的政治力量发挥了重要作用,并开始为实现自己的阶级要求而同资产阶级直接交锋。1848 年革命爆发后,马克思和恩格斯亲自参加了革命的实践活动。革命失败后,他们深刻总结了斗争的经验,写下了《法兰西阶级斗争》《路易·波拿巴的雾月十八日》《德国的农民战争》《德国的革命和反革命》等著作,丰富和发

> 展了马克思主义理论，唯物史观在革命实践中得到了检验和深化。

臧峰宇认为，论证唯物辩证法和唯物史观的要义是恩格斯在《费尔巴哈论》中关注的"总问题"，而他对这个"总问题"的解析是以评价施达克的《路德维希·费尔巴哈》为契机，通过在历史语境中评析黑格尔哲学和费尔巴哈哲学的理论实质来实现的。于是，系统阐述德国古典哲学的终结和马克思主义哲学的产生而非纯粹书评就成为这部文本的主调。[1]

再次，国内学界关于《费尔巴哈论》具体内容的研究主要表现在对"哲学的终结"不同理解的争论以及 Ausgang 一词的翻译、哲学基本问题、恩格斯与马克思的关系、马克思与黑格尔的关系等问题上。

关于如何理解"哲学的终结"，陈文通认为，《费尔巴哈论》这部著作的核心和要害以及最主要的关键词是"终结"，而"终结"也就是"完结""最后结束""寿终正寝""死去"的意思。"哲学已经终结"是《费尔巴哈论》的基本结论，主要标志有两个方面：一方面是黑格尔哲学体系的解体和黑格尔学派的分裂，以及费尔巴哈的被边缘化和销声匿迹，哲学走向了没落和庸俗化；另一方面是现代唯物主义的产生，特别是马克思唯物主义历史观（世界观）的

---

[1] 参见臧峰宇：《为"社会主义哲学"奠基：超越旧形而上学的新世界观——重读〈路德维希·费尔巴哈和德国古典哲学的终结〉》，《党政干部学刊》2017 年第 8 期。

确立。一旦哲学连苟延残喘的可能都没有了，哲学就彻底死去了。"终结"既是德国古典哲学的"终结"，也是全部哲学这种历史性意识形态的终结。[1] 对此，赵家祥反驳道，恩格斯在《费尔巴哈论》这部著作中所说的哲学的终结，"是指包括德国古典哲学和青年黑格尔派哲学在内的旧哲学的终结，而不是指全部哲学的终结，更不是说旧哲学终结以后从此就不再有任何哲学了，不是说马克思、恩格斯也没有创立自己的哲学，根本不存在马克思的哲学或马克思主义哲学"。"德国古典哲学终结以后哲学基本问题仍然存在和起着作用，他们创立的现代唯物主义这种新哲学就属于唯物主义派别和可知论。"[2]

胡大平提出，对于恩格斯关于"哲学终结"问题的讨论不应仅仅囿于《费尔巴哈论》或《反杜林论》某个文本，而必须在他们旨在推动的历史观变革这个语境中加以澄清。"在马克思恩格斯那里，'哲学的终结'问题最终是新科学的诞生问题，即新历史观与既往思想在逻辑和历史上的联系和差别问题，也即是新历史观本身的科学性证明问题。"[3] "我们对'哲学的终结'所涉问题简单地概括如下：在实质上，是从哲学向世界观的转变；在思维方式或方法上，是从形而上学向辩证法的转变；在形式上是旧式体系哲学（即自然哲学和历史哲学）向实证科学的转变；在研究内容上，则是从普遍

---

[1] 参见陈文通：《重新解读〈费尔巴哈和德国古典哲学的终结〉》，《中国延安干部学院学报》2013年第6期。

[2] 赵家祥：《"德国古典哲学的终结"还是"全部哲学的终结"》，《中国高校社会科学》2014年第3期。

[3] 胡大平：《回到恩格斯：文本、理论和解读政治学》，江苏人民出版社2011年版，第331页。

规律向各种具体问题的转变。还有一点恩格斯并没有展开，但对马克思主义至关重要的问题，即在功能上，从解释世界向改造世界的转变。"[1]

随着"哲学的终结"争论的不断深入，许多学者将焦点转移到"终结"一词的翻译上。关于如何翻译"终结（Ausgang）"，国内学界也曾有过争论。据贺麟回忆，1977年夏，中央编译局和中央党校曾专门举办关于恩格斯的《费尔巴哈论》一书某些疑难段落的翻译的商榷讨论会。贺麟认为："恩格斯书中似乎没有说费尔巴哈结束或终结了德国古典哲学，其中 Auagang 一词不是'终结'的意思，而以译为'出发'或'出路'比较合适。因为在此书的序言中恩格斯谈到写本文的目的时说：'至于费尔巴哈，虽然他在某些方面是黑格尔哲学和我们的观点之间的中间环节，我们却从来没有回顾过他。'足见这书目的之一，是要强调费尔巴哈处于黑格尔和马克思恩格斯的'中间环节'关系地位。恩格斯又说：'因此，我越来越觉得把我们和黑格尔哲学的关系，即我们怎样从这一哲学'出发'（Ausgang）并且怎样同它脱离，作一个简要而有系统的说明是很必要的了。'（《马克思恩格斯选集》第4卷第207—208页）这里'出发'二字，德文原本同书名一样，也是 Ausgang。同一词在密切相关的书名和序言里作截然不同的翻译，似应有所说明或注释才好。序言中所说与'黑格尔哲学'的脱离似乎是指扬弃、批判改造，把唯心辩证法颠倒成唯物辩证法而言，也不一定是指'德国古典哲学的终结'，而是强调费尔巴哈在德国古典唯

---

[1] 胡大平：《回到恩格斯：文本、理论和解读政治学》，江苏人民出版社2011年版，第337—338页。

心论过渡到马克思主义哲学的过程中起了关键性的作用。"[1]

朱光潜认为,恩格斯在《费尔巴哈论》中"正要说明马克思是在批判继承费尔巴哈和黑格尔所代表的德国古典哲学的基础上,才建立起辩证唯物主义和历史唯物主义的,并非说德国古典哲学到了马克思时代就'终结'了。马克思在举世都把黑格尔看作'死狗'时郑重声明过'我是黑格尔的学生',而且恩格斯在上述著作里的最后一句话是'德国的工人运动是德国古典哲学的继承者'。怎么能认为德国古典哲学到了马克思时代就已'终结'呢?原来'终结'是译原文 Ausgang 的。过去英、法、俄三种译本也都把这个词译为'终结'或终点,中译因此也以讹传讹。查 1962 年柏林德国科学院新出版的多卷本《现代德语大词典》在 Ausgang 的 44 项下正引恩格斯的上述著作为例来解释这个词有'一个时间段落'的意思。再查 1964 年美国纽约国际出版局印行的马克思的《经济学——哲学手稿》新译本

朱光潜 中新图片 / 何徐仁 ↑

---

[1] 贺麟:《学习和翻译马克思恩格斯经典著作的体会》,载中央编译局马恩室编:《马克思恩格斯著作在中国的传播》,人民出版社 1983 年版,第 176—177 页。

在 230 页注文里引恩格斯的上述著作标题用 Outcome 译 Ausgang，Outcome 是'结果'或'成果'，两书都没有用'终结'，'结果'显然较妥"[1]。

屏羽通过分析德国古典哲学同马克思主义的关系、并在仔细对比不同外文译本的基础上，主张维持"终结"的译法。屏羽指出："恩格斯明确地认为，随着 1848 年革命的爆发，德国古典哲学就彻底退出了历史舞台。从此，不仅黑格尔体系被人们遗忘了，而且费尔巴哈也由于无法找到从抽象王国通向现实世界的道路，退入了孤寂的隐居生活。只有马克思和恩格斯在彻底克服德国古典哲学的根本缺陷并批判地吸收其合理因素的基础上，创立了崭新的辩证唯物主义和历史唯物主义学说，实现了哲学史上伟大的革命变革。综上所述，根据恩格斯的原意，从理论上和哲学史的事实来看，《路德维希·费尔巴哈和德国古典哲学的终结》一文标题的中文原译是对的、确切的。"[2]

俞吾金认为，"Ausgang 乃是动词 ausgehen 的过去分词的名词化，而 ausgehen 的最基本、最常用的含义是'外出'或'出门'。所以，Ausgang 的最基本、最常用的含义也应该是'出口'、'出路'或'出门'，但也有'终结'、'终局'的含义在内"，因此单从字面上分析，译作"终结"无可厚非，然而，"如果从恩格斯当时写作的特定语境中来考量 Ausgang 的含义时，就会发现，上述书名中的

---

[1] 朱光潜：《美学拾穗集》，百花文艺出版社 1980 年版，第 43—44 页。
[2] 屏羽：《关于〈费尔巴哈和德国古典哲学的终结〉标题的译法》，载武锡申主编：《马克思主义研究资料》第 30 卷《经典著作编译研究》，中央编译出版社 2015 年版，第 797—798 页。

Ausgang 只能译为'出路',而不能译为'终结'"[1]。因为费尔巴哈人本主义哲学只是德国古典哲学在黑格尔那里被终结后出现的一条新出路或一个新出口。

关于哲学基本问题,胡大平指出,"在哲学基本问题上,恩格斯的重大贡献是,他首次在哲学史上以这个问题作为中轴来观察哲学史的斗争,从而为理解哲学史的对立提供了简单而清晰的方案。这一点与其从认识论角度来讨论(或更准确地讲,'运用')哲学基本问题这种方式有关"[2]。不过,"提出哲学基本问题,恩格斯只是为叙述一般唯物主义以及唯物主义历史形态的方便。从创作特征看,恩格斯从来没有纯粹的学术和理论的兴趣,他始终关心的问题是如何解释马克思主义的科学性。涉及那些'纯粹的'学术问题,亦是出于这种需要。由此看来,不可过高地评价哲学基本问题。"[3]

俞吾金则认为,哲学基本问题实际上蕴含着第三个方面:如果思维与存在具有同一性,它们究竟是如何同一的。这里涉及方法论问题。显然,增加这第三个方面将使哲学基本问题的内涵更加丰富。此外,俞吾金还强调,思维与存在的关系问题只是以柏拉图、亚里士多德、笛卡尔、黑格尔等为代表的知识论哲学类型的基本问题。现代西方哲学从根本上超越了知识论哲学传统,所以它与近代西方哲学(知识论哲学的典型形式)之间存在着重大的差异,"马克思哲学是从属于现代西方哲学的,它不是知识论哲学,而是实践唯物主义,所以它的基本问题不是思维与存在的关系问题,而是实

- - -

[1] 俞吾金:《关于德国古典哲学研究的新思考》,《江淮论坛》2009 年第 6 期。
[2] 胡大平:《回到恩格斯:文本、理论和解读政治学》,江苏人民出版社 2011 年版,第 414 页。
[3] 同上书,第 416 页。

践问题。这一基本问题也包含着两个方面：一是人与自然的关系，二是人与人的关系。重新认识'哲学基本问题'，将使我们在哲学和哲学史研究中获得许多新的成果"[1]。

关于恩格斯与马克思的关系，俞吾金通过比较恩格斯的《费尔巴哈论》与马克思的《关于费尔巴哈的提纲》，指出二者叙述的哲学思想之间存在着如下的重要差异："一是哲学研究应当从实践出发，还是从自然界出发；二是实践概念应该首要地被理解为本体论概念，还是认识论概念；三是马克思哲学究竟把'现实的人'作为核心问题，还是把'纯粹思想'作为核心问题。"[2]

朱传棨则反驳道："把《终结》和《提纲》对立起来，不仅违背和扭曲了恩格斯的初衷，而且是与历史实际不相符的，是一种非历史主义的错误倾向。"[3]"恩格斯在出版《终结》单行本时，把马克思的《提纲》找出来作为《终结》一书的附录公开发表，就表明二者在一些理论原则、基本观点、根本目的和作用上都是相同的，它们的相同性是其主导方面，它们的差异性是服务于主导方面的次要方面。"[4]《路德维希·费尔巴哈和德国古典哲学的终结》和《关于费尔巴哈的提纲》的相同方面表现在：其一，二者关于对费尔巴哈哲学的分析和批判是一致的；其二，二者对人和人的本质问题的思想观点是一致的；其三，《终结》对实践问题的研究和论述，在其深

---

[1] 俞吾金：《关于哲学基本问题的再认识》，《北京大学学报（哲学社会科学版）》1997年第2期。

[2] 俞吾金：《论恩格斯与马克思哲学思想的差异——从〈终结〉与〈提纲〉的比较看》，《江苏社会科学》2003年第4期。

[3] 朱传棨：《恩格斯哲学思想研究论稿》，人民出版社2012年版，第421页。

[4] 同上书，第425页。

度和广度上，都丰富和发展了《提纲》中关于实践的观点，使之更加具体化了。[1]

关于马克思与黑格尔的关系，吴宏政、吴星儒指出，恩格斯在《费尔巴哈论》中集中阐述了马克思和恩格斯对于黑格尔哲学的评价。"在这其中，超出以往学术界强调马克思对黑格尔的'否定性批判关系'，恩格斯似乎更加注重的是马克思对黑格尔哲学的'肯定性继承关系'。其中包括三个方面：马克思对黑格尔'国家哲学'潜隐着的革命性观念的肯定性继承；马克思对黑格尔'概念辩证法'中隐匿着的现实基础的肯定性继承；马克思对黑格尔'法哲学原理'中隐匿的理想国蓝图的肯定性继承关系。"[2]

最后，关于《费尔巴哈论》的理论价值和现实意义，乐燕平指出，"在《费尔巴哈与德国古典哲学的终结》这部卓越的马克思主义经典著作中，恩格斯不仅详细地说明了马克思主义哲学和它理论来源之间的关系，而且系统地阐述了辩证唯物主义和历史唯物主义的基本原理，不仅批判了唯心主义和不可知论的谬论，而且指出了马克思主义以前唯物主义的根本缺点，从而用科学的世界观武装了无产阶级及其政党，保证了无产阶级革命运动的蓬勃开展"。恩格斯对待黑格尔哲学遗产的态度，"在方法论上给我们提供了一个十分重要的原则：即对于文化遗产既不要盲目地肯定一切，也不要轻率地否定一切，而应当站在马克思主义的立场上，从无产阶级的阶

---

[1] 参见朱传棨：《恩格斯哲学思想研究论稿》，人民出版社2012年版，第425—431页。
[2] 吴宏政、吴星儒：《马克思对黑格尔哲学的"肯定性继承关系"——重读恩格斯〈路德维希·费尔巴哈和德国古典哲学的终结〉》，《马克思主义理论学科研究》2017年第2期。

级利益出发，取其精华，弃其糟粕"[1]。

任平认为，恩格斯在《费尔巴哈论》中以出场学视域为解读地平线，在对哲学革命理解的一系列问题上构成了独特的实践论阐释模式。"重新解读恩格斯的《费尔巴哈论》，科学辨识恩格斯对哲学革命的理解和叙事中独有的视域和范式，对于分析马克思、恩格斯对哲学革命理解的一致性和差异性，以及准确理解马克思哲学世界观的实质，具有重大意义。"[2]

边立新强调，站在新的历史起点上，重读《费尔巴哈论》这部经典著作有助于我们接受马克思主义哲学智慧的滋养，具有重要的现实意义。[3]吴照玉认为，在进一步反思、变革教科书体系的今天，"有必要回到恩格斯，尤其是回到《费尔巴哈论》的本真语境中来理解恩格斯，挖掘不同于传统教科书所阐释和塑造的恩格斯，重新认识恩格斯在马克思主义哲学传播，特别是在推动马克思主义哲学大众化的过程中所起到的关键性作用"[4]。

常宴会从恩格斯的革命家身份和当时无产阶级革命形势的角度指出，《费尔巴哈论》是"对革命意识形态转化过程的科学叙事，客观上起到了教育无产阶级政党的作用"[5]。杨海结合恩格斯写作《费

---

[1] 乐燕平：《怎样读〈费尔巴哈论〉》，《前线》1962年第14期。

[2] 任平：《论恩格斯理解哲学革命的出场学视域——120年后对〈费尔巴哈论〉叙事方式的新解读》，《学术研究》2006年第7期。

[3] 参见边立新：《从马克思主义哲学革命中接受哲学智慧的滋养——重读恩格斯〈费尔巴哈论〉的启迪》，《科学社会主义》2015年第3期。

[4] 吴照玉：《恩格斯与中国马克思主义哲学大众化——以〈路德维希·费尔巴哈和德国古典哲学的终结〉为例》，《思想理论教育导刊》2016年第1期。

[5] 常宴会：《革命意识形态转换的科学叙事——〈路德维希·费尔巴哈和德国古典哲学的终结〉解读》，《马克思主义理论教学与研究》2021年第3期。

尔巴哈论》的现实原因，指出这一著作的出版有力回击了资产阶级的攻击，捍卫了马克思主义的真理性，"为我国防范化解意识形态领域重大风险提供了重要的方法论启迪"[1]。

钟启东认为，恩格斯在《费尔巴哈论》中揭示了意识形态同现实之间的本质联系、同国家之间的作用原理、同传统之间的转换逻辑、同个体之间的支配规律，代表着恩格斯晚年开展意识形态批判的"积极成果"和"原则高度"，回击了资产阶级意识形态对马克思主义发起的意识形态歪曲和攻击，坚持和发展了马克思主义意识形态观。[2]

吴远贤、李建军对《费尔巴哈论》体现的马克思主义整体性进行了分析，主要包括著作文本体现的整体性、在马克思主义哲学理论体系方面体现的整体性、与马恩其他经典著作关联度体现的整体性、思维方式和研究方法体现的整体性，"《费尔巴哈论》体现的整体性，既是马克思逝世之后马克思主义理论自身发展的一个承前的总结，也是对当时理论和实践斗争进行启后的指导"[3]。李广义认为，《费尔巴哈论》是"阐释马克思主义哲学本源和基础的经典文献"，"它呈现给我们的是'原典原义'，帮助我们在'知其然'的基础上更进一步悟透马克思主义哲学体系的'所以然'，在运用马克思主义哲学之'矢'指导新时代生活与工作之'的'方面具有重要的方

---

[1] 杨海：《〈费尔巴哈论〉：为防范化解重大风险提供思想启迪》，《中共中央党校（国家行政学院）学报》2021年第1期。

[2] 参见钟启东：《〈费尔巴哈论〉中意识形态批判的四重向度》，《科学社会主义》2020年第6期。

[3] 吴远贤、李建军：《马克思主义整体性视域下的〈费尔巴哈论〉解析》，《云南大学学报（社会科学版）》2021年第4期。

法论意义"[1]。

近年来，适应新时代学习马克思主义经典著作、提高马克思主义理论素养的需要，国内出版了多套经典著作导读丛书，其中陈锡喜、颜晓峰、周强、吴猛、杨洪源等学者都出版了专门针对《费尔巴哈论》的导读专著，进一步深化了对这一经典著作的研究和认识。

---

[1] 李广义：《〈路德维希·费尔巴哈和德国古典哲学的终结〉是阐释马克思主义哲学本源和基础的经典文献》，《马克思主义哲学》2022年第1期。

第二章 《路德维希·费尔巴哈和德国古典哲学的终结》的文本结构与思想要义

历史同认识一样,永远不会在人类的一种完美的理想状态中最终结束;完美的社会、完美的"国家"是只有在幻想中才能存在的东西;相反,一切依次更替的历史状态都只是人类社会由低级到高级的无穷发展进程中的暂时阶段。

根据伽达默尔的哲学解释学，理解是一个从整体到部分，再从部分到整体的不断循环往复的过程，这种整体与部分之间的"解释学循环"体现了理解和解释的辩证本质。简单地说，要想完整理解一个文本整体，我们首先要理解文本的各个章节，而要想准确理解文本的各个章节，又必须对文本整体有一个总体性把握。因此，接下来，我们首先对《费尔巴哈论》的整体文本结构作一宏观介绍，然后依次进入对各个章节的具体解读。

一、文本结构

《费尔巴哈论》包括"1888年单行本序言"、四章正文和一个简短的结语。在这部著作中，恩格斯全面回顾了马克思主义哲学形成和发展的历史过程，深度辨析和批判了黑格尔哲学与费尔巴哈哲学，系统论述了马克思主义哲学同德国古典哲学之间的内在联系和本质区别，深刻揭示了马克思主义哲学的诞生在哲学领域中引起的革命变革的实质和意义，首次明确提出了哲学基本问题，比较全面地阐述了马克思主义哲学特别是历史唯物主义的基本原理。

如前所述，"1888年单行本序言"交代了恩格斯写作《费尔巴哈论》的背景，主要从历史渊源、现实任务和直接契机三个方面予以论述。

第一章主要是评判黑格尔哲学。在这一部分，恩格

斯开篇首先论述黑格尔哲学产生的历史语境及其阶级局限,从辨析"凡是现实的都是合乎理性的,凡是合乎理性的都是现实的"这一经典命题入手,揭示了辩证法这一黑格尔哲学的"合理内核",并在此基础上阐述了唯物辩证法的发展观。随后,指出了黑格尔哲学中革命的辩证方法与保守的哲学体系之间的张力和矛盾,正是黑格尔哲学内部的这一矛盾导致了黑格尔学派的最终解体,在这一解体过程中,费尔巴哈哲学正式出场。

第二章和第三章主要是考察费尔巴哈哲学。其中,第二章主要是论述哲学基本问题,分析费尔巴哈的唯物主义哲学。为了从根本上批判施达克混淆唯物主义和唯心主义的错误,恩格斯在总结人类认识史特别是哲学发展史的基础上,首次明确提出哲学基本问题,并从本体论和认识论两个层面揭示了

恩格斯写作《费尔巴哈论》是为了批判施达克对费尔巴哈思想的错误理解。图为恩格斯雕像 中新图片 / 彭大伟↑

其丰富内涵和哲学意义。以此为据,恩格斯指出了费尔巴哈哲学唯物主义的"基本内核",同时也阐明了包括费尔巴哈哲学在内的旧唯物主义的局限性及其根源。最后,批判了施达克因为混淆唯物主义和唯心主义的划分标准而导致误判费尔巴哈哲学性质的错误。

如果说恩格斯在第二章主要是分析费尔巴哈的唯物主义,那么,第三章则主要聚焦于其唯心主义历史观。恩格斯分别考察了费尔巴哈的宗教哲学和伦理学的主要观点,批判了其唯心主义实质及其背后的资产阶级立场,揭示了费尔巴哈在社会历史领域陷入唯心主义的思想认识根源和社会阶级根源。

第四章主要论述了马克思主义哲学革命的发生、实质和意义。在前面三章分别揭示了黑格尔哲学的"合理内核"与费尔巴哈哲学的"基本内核"的基础上,恩格斯在这里集中论述了马克思主义哲学得以产生的思想理论渊源、自然科学基础和社会历史背景。然后,恩格斯以极大的篇幅比较系统地阐述了唯物史观的核心任务、研究路径和基本原理。

结语部分,恩格斯概括地阐明了马克思主义哲学的诞生是哲学领域的革命性变革,揭示了马克思主义哲学实现了科学性、革命性和阶级性的统一,从而为无产阶级和人类解放运动提供了科学的理论武器和行动指南。

二、黑格尔哲学的评判与唯物辩证法的发展观

第一章主要是评判黑格尔哲学。在这一部分,恩格斯主要讲了四个问题:其一,指明了黑格尔哲学产生的历史语境和阶级局限;

其二,揭示了黑格尔哲学的"合理内核",并在此基础上阐述了唯物辩证法的发展观;其三,分析了黑格尔哲学中革命的辩证方法与保守的哲学体系之间的矛盾;其四,概述了黑格尔学派的解体过程和费尔巴哈哲学的出场。

(一)黑格尔哲学的历史语境与阶级局限

哲学是时代精神的精华,是被把握在思想中的它的时代。任何哲学都是特定的社会历史时代的产物,因此,对某一哲学的分析和批判必须将其置于当时的历史语境中加以考量。于是,恩格斯首先分析了黑格尔哲学产生的历史语境。

恩格斯开篇即写道,"我们面前的这部著作使我们返回到一个时期"[1],这部著作指的是施达克的《路德维希·费尔巴哈》,这个时期是指"德国准备 1848 年革命的时期",如果以哲学史的发展阶段来定位,这个时期也是德国古典哲学特别是黑格尔哲学占据统治地位的时期。这个时期距离恩格斯写作本书的时间(1886 年)"不过一代之久",但经过 1848 年德国资产阶级革命的洗礼,整个社会还是发生了剧烈的变化,资本主义经济得到一定程度的发展,工人阶级运动也不断地壮大,并在马克思主义的影响之下建立了自己的德国社会民主党,如此剧烈的社会变迁使人们感到"如此陌生,似乎已经相隔整整一个世纪了"[2]。虽然 1848 年革命以失败告终,但革命

---

1 [德]恩格斯:《路德维希·费尔巴哈和德国古典哲学的终结》,人民出版社 2014 年版,第 6 页。
2 同上。

确实沉重地打击了封建势力和官僚制度，终结了小邦割据状态，为资本主义大工业的发展开辟了道路。因此，恩格斯说道："那以后我国所发生的一切，仅仅是1848年的继续，仅仅是革命遗嘱的执行罢了。"[1]

为了更好地理解1848年德国资产阶级革命风暴前后的社会变迁，我们从客观和主体两个方面再略作说明。从客观方面看，18世纪末19世纪初的德国，封建的生产关系和政治制度仍然占据统治地位，封建贵族掌握政权，整个德国处于四分五裂的割据状

---

[1] [德] 恩格斯：《路德维希·费尔巴哈和德国古典哲学的终结》，人民出版社2014年版，第6页。

描绘1848年德国资产阶级革命的绘画　海峰/供图↑

态，邦国林立的状况严重阻碍了德国资本主义的发展。关于此时的德国状况，恩格斯曾这样写道："这是一堆正在腐朽和解体的讨厌的东西。没有一个人感到舒服。国内的手工业、商业、工业和农业极端凋敝。农民、手工业者和企业主遭到双重的苦难——政府的搜刮，商业的不景气。贵族和王公都感到，尽管他们榨尽了臣民的膏血，他们的收入还是弥补不了他们的日益庞大的支出。一切都很糟糕，不满情绪笼罩了全国。没有教育，没有影响群众意识的工具，没有出版自由，没有社会舆论，甚至连比较大宗的对外贸易也没有，除了卑鄙和自私就什么也没有；一种卑鄙的、奴颜婢膝的、可怜的商人习气渗透了全体人民。一切都烂透了，动摇了，眼看就要坍塌了，简直没有一线好转的希望，因为这个民族连清除已经死亡了的制度的腐烂尸骸的力量都没有。"[1] 由此可见，对于当时的德国而言，推翻封建制度，进行资产阶级革命，已经成为历史发展的必然。

从主体方面看，德国资产阶级呈现出既想革命又怕人民的两面性，企图走改良主义道路。"自从 1815 年以来，德国资产阶级的财富不断增加，而且随着财富的增加，它在政治上的重要性也不断增长。"[2] 到了 1840 年，普鲁士的资产阶级开始领导德国资产阶级革命运动，但是，与法国资产阶级相比，德国资产阶级无论在经济上还是政治上都表现得十分软弱和怯懦，既渴望革命，又害怕人民。因为当时的德国资产阶级可谓是"前有劲敌"，即妨碍其发展的封建贵族和普鲁士地主阶级，"后有追兵"，即无产阶级已经在其背后兴

---

[1] 《马克思恩格斯全集》第 2 卷，人民出版社 1957 年版，第 633—634 页。
[2] 《马克思恩格斯选集》第 1 卷，人民出版社 2012 年版，第 569 页。

起，并对其采取敌视态度，正是这样一种现实处境决定了德国资产阶级一方面渴望革命，试图变革现实，推翻阻碍其发展的封建制度，另一方面又害怕已经有了政治要求的无产阶级和人民群众的革命行动。德国资产阶级本身的这种两面性，决定了他们将发展资本主义和实现民族统一的希望寄托在普鲁士的封建王朝身上，在政治上主张走改良主义的道路，在哲学上，革命性与保守性并存。

马克思对此有过一段精彩描述："与1789年法国的资产阶级不同，普鲁士的资产阶级并不是一个代表整个现代社会反对旧社会的代表者——君主制和贵族的阶级。它降到了一种等级的水平，既明确地反对国王又明确地反对人民，对国王和人民双方都采取敌对态度，而在单独面对自己的每一个对手时态度都犹豫不决，因为它总是在自己前面或后面看见这两个敌人；它一开始就蓄意背叛人民，而与旧社会的戴皇冠的代表人物妥协，因为它本身已经从属于旧社会了；它不是代表新社会的利益去反对旧社会，而是代表已经陈腐的社会内部重新出现的那些利益；它操纵革命的舵轮，并不是因为它有人民作为后盾，而是因为人民在后面迫使它前进；它居于领导地位，并不是因为它代表新社会时代的首创精神，而只是因为它反映旧社会时代的怨恨情绪；它是旧国家的一个从未显露的岩层，由于一次地震而被抛到了新国家的表层上；不相信自己，不相信人民，在上层面前嘟囔，在下层面前战栗，对两者都持利己主义态度，并且意识到自己的这种利己主义；对于保守派来说是革命的，对于革命派来说却是保守的；不相信自己的口号，用空谈代替思想，害怕世界风暴，同时又利用这个风暴来谋私利；毫无毅力，到处剽窃；因缺乏任何独特性而显得平庸，同时又因本身平庸而显得独特；自己跟自己讲价钱；没有首创精神，不相信自己，不相信人民，没有负起世界历史使命；活像一个受诅咒的老头，注定要糟蹋健壮人民的初次勃发的青春激情而使其服从于自己风烛残年的需求；没有眼睛！没有耳朵！没有牙齿，没有一切——这就是普鲁士资产阶级在三月革命后执掌普鲁士国家权柄时的形象。"[1]

总而言之，当时德国的封建专制势力强大，严重阻碍了资本主义经济的发展，德国的资产阶级软弱无力，在政治上试图走改良主义道路。资产阶级的革命渴望只能通过哲学革命的形式隐晦地表达出来，黑格尔哲学就是在这种历史背景下产生的。

恩格斯在第二段比较了德国革命和法国革命的异同。关于二者的相同点，恩格斯写道："正像在18世纪的法国一样，在19世纪的德国，哲学革命也作了政治变革的前导。"[2] 即是说，德法两国的哲学革命都为行将到来的政治革命作了舆论和思想上的准备，这反映了哲学作为世界观在阶级斗争中的作用和地位。腐朽的封建贵族以宗教神学为其精神支柱，宣扬君权神授，鼓吹顺从天命，唯心主义的经院哲学成为他们的意识形态。而新兴的资产阶级则重视人的地位，高扬人的理性，反对盲从权威，举起了战斗的唯物主义和无神论的大旗。"在法国为行将到来的革命启发过人们头脑的那些伟大人物，本身都是非常革命的。他们不承认任何外界的权威，不管这种权威是什么样的。宗教、自然观、社会、国家制度，一切都受到了最无情的批判；一切都必须在理性的法庭面前为自己的存在作辩护或者放弃存在的权利。思维着的知性成了衡量一切的唯一

---

[1] 《马克思恩格斯选集》第1卷，人民出版社2012年版，第443—444页。
[2] [德]恩格斯：《路德维希·费尔巴哈和德国古典哲学的终结》，人民出版社2014年版，第6页。

尺度。"[1]这不仅是法国哲学革命的精神，黑格尔更是对此高度赞赏，认为这是理性支配世界的新时代，他在其《历史哲学》一书中写道："这是一个光辉灿烂的黎明，一切有思想的存在，都分享到了这个新纪元的欢欣。"[2]以启蒙主义反对蒙昧主义，以理性自觉代替盲从权威，将人们从封建神权统治的愚昧状态中解放出来，这就是德法两国哲学革命的共同点。

与此同时，恩格斯写道："但是这两个哲学革命看起来是多么不同啊！"[3]德法两国革命的不同点表现为，18世纪的法国资产阶级是历史上最革命的阶级，因此法国大革命是一场彻底的资产阶级革命；而德国资产阶级既想革命又怕革命的两面性，则导致了1848年德国资产阶级革命以失败告终。从哲学层面上来看，法国的战斗唯物主义者为理性疾呼，为革命献身，"法国人同整个官方科学，同教会，常常也同国家进行公开的斗争"[4]，因而遭到了封建专制政府和宗教教会的残酷迫害。启蒙思想家伏尔泰，不仅著作被焚，本人更是两次被囚禁于巴士底狱，数次无奈流亡国外；无神论者拉美特利，因宣扬唯物主义而被迫流亡荷兰，匿名发表《人是机器》，仍难逃被焚毁之厄运；"百科全书派"思想家狄德罗，以及"战斗的唯物主义者"霍尔巴赫，均因揭露封建统治和抨击宗教势力，而遭受迫害。而在德国，情况却截然相反，德国的哲学家"是一些教授，一些由国家任命的青年的导师，他们的著作是公认的教科书，

1　《马克思恩格斯选集》第3卷，人民出版社2012年版，第391页。
2　[德]黑格尔：《历史哲学》，王造时译，上海书店出版社2006年版，第418页。
3　[德]恩格斯：《路德维希·费尔巴哈和德国古典哲学的终结》，人民出版社2014年版，第6页。
4　同上。

而全部发展的最终体系,即黑格尔的体系,甚至在某种程度上已经被推崇为普鲁士王国的国家哲学"[1]。

不过,在恩格斯看来,在他们的迂腐晦涩的言词后面,在他们的笨拙枯燥的语句里面,却隐藏着革命的内容。而这一点,不论是封建政府还是资产阶级自由派都没有看到,只有德国的革命诗人亨利希·海涅是个例外。海涅在《论德国宗教和哲学的历史》一书中,敏锐地洞察到德国古典哲学中蕴含的革命内容,他以一种隐喻的手法写道:"思想走在行动之前,就像闪电走在雷鸣之前一样。当然德国的雷鸣也像德国人一样,并不太迅速,而且来势有点缓慢;然而它一定会到来,并且当你们一旦听到迄今为止世界史中从未有过的爆裂声,那么你们应当知道:德国的雷公终于达到了它的目的。苍鹰们将要在这声响的同时,坠死于地,而那远在非洲荒漠中的群狮也将夹起尾巴,钻进它们的王者的洞穴。德国将要上演一出好戏,和这出戏相比较,法国革命只不过是一首天真无

商务印书馆出版的亨利希·海涅的著作《论德国宗教和哲学的历史》书影↑

[1] [德]恩格斯:《路德维希·费尔巴哈和德国古典哲学的终结》,人民出版社 2014 年版,第 6—7 页。

邪的牧歌。"[1] 海涅还写道："我们的哲学革命结束了。黑格尔完成了它的巨大的圆运动。"[2] 因此，他盛赞黑格尔为"德国自莱布尼茨以来所产生的最伟大的哲学家"[3]。

此外，海涅在 1844 年写的《论述德国的书信》中，说到他和黑格尔本人谈论了"凡是现实的都是合理的，凡是合理的都是现实的"这一哲学命题的意义，海涅认为黑格尔本人已经了解自己哲学的革命意义，只是害怕把它表露出来。海涅在这封信里写道："我必须坦白地说，我不爱这种音乐，但它也没有把我吓倒，因为当这位大师（指黑格尔）谱写这种曲子的时候，我是在他的背后站着，他谱写时用的自然都是些极不清楚和绚丽炫目的符号，不是人人都能把这些符号译解出来的——我有时曾看见他小心翼翼地向四面看看，怕人们也许会懂得他的话。他会欢喜我，因为他深信我是不会把他出卖的；我在那个时候竟把他看作是个奴颜婢膝之辈。我有一天对于'凡是现实的都是合理的'这句话感到不高兴时，他怪笑了一笑，然后对我说：'也可以这么说：凡是合理的必然都是现实的。'他连忙转过身来看看，马上也就放心了，因为只有亨利希·贝尔听到了这句话。只是在稍后我才懂得他这套话的意思。同样，我也是在后来才懂得为什么他在历史哲学里说：基督教单就这点说就是一大进步，它宣讲的神是一个已经死了的神，而异教徒的神是不存在什么死的问题。要是神根本就没有存在过，那将是一个多大的

---

[1] [德] 亨利希·海涅：《论德国宗教和哲学的历史》，海安译，商务印书馆 2017 年版，第 154 页。
[2] 同上书，第 150 页。
[3] 同上书，第 146 页。

进步！"[1]

（二）作为"合理内核"的辩证发展观

恩格斯以黑格尔的著名命题"凡是合乎理性的东西都是现实的，凡是现实的东西都是合乎理性的"[2]为例，来说明在黑格尔迂腐晦涩的言词和笨拙枯燥的词句里隐藏着的革命激情和意义，以此来揭示黑格尔哲学的"合理内核"。

黑格尔的这一命题最初是在《法哲学原理》的"序言"中提出的，面对"许多人的诧异和反对"，他后来又在《小逻辑》的"导言"中加以解释和发挥[3]。就文字的表面意思而言，这一命题似乎在为普鲁士政府作辩护，也正因为如此，黑格尔哲学被视为"普鲁士王国的国家哲学"。于是，一方面引起了"政府的感激"，当时的

黑格尔画像　文化传播/供图↑

1　[德]亨利希·海涅：《论德国宗教和哲学的历史》，海安译，商务印书馆 2017 年版，"附录"，第 165—166 页。
2　[德]黑格尔：《法哲学原理》，范扬、张企泰译，商务印书馆 1961 年版，"序言"，第 11 页。
3　参见[德]黑格尔：《小逻辑》，贺麟译，商务印书馆 1980 年版，"导言"，第 43—45 页。

文教大臣阿尔腾施泰因就写信给黑格尔，称赞其"使哲学具备了对待现实唯一正确的态度"，使人们不致染上对待现实事务特别是国家事务方面的"有害的狂妄心理"；另一方面也引起了"自由派的愤怒"，他们攻击黑格尔哲学"不是长在科学的花园里，而是长在阿谀奉承的粪堆上"的"哲学毒瘤"。但是，在恩格斯看来，双方的观点都是"近视的"，都没有真正读懂黑格尔的上述命题。

接下来，恩格斯分三步对黑格尔的这一经典命题进行了深度辨析。

第一，恩格斯首先对现存和现实加以厘清，强调现存不等于现实。"在黑格尔看来，决不是一切现存的都无条件地也是现实的。在他看来，现实性这种属性仅仅属于那同时是必然的东西；'现实性在其展开过程中表明为必然性'。"[1] 现存是指当下存在的一切事物；现实则是指合乎规律、具有必然性的事物。这就意味着，现存的并不都是现实的，只有那些必然的东西才是现实的，有些现存的东西仅仅是"偶然的存在"。黑格尔在《小逻辑》中对何谓"现实"进行过详细的说明："从逻辑的观点看来，就定在一般说来，一部分是现象，仅有一部分是现实。在日常生活中，任何幻想、错误、罪恶以及一切坏东西、一切腐败幻灭的存在，尽管人们都随便把它们叫做现实。但是，甚至在平常的感觉里，也会觉得一个偶然的存在不配享受现实的美名。因为所谓偶然的存在，只是一个没有什么价值的、可能的存在，亦即可有可无的东西。但是当我提到'现实'时，我希望读者能够注意我用这个名词的意义，因为我曾经在

---

1 [德]恩格斯:《路德维希·费尔巴哈和德国古典哲学的终结》，人民出版社2014年版，第7页。

一部系统的《逻辑学》里,详细讨论过现实的性质,我不仅把现实与偶然的事物加以区别,而且进而对于'现实'与'定在','实存'以及其他范畴,也加以准确的区别。"[1]如果运用黑格尔的这个命题来说明普鲁士王国,应该是这样的:当普鲁士王国合乎德国社会历史发展的内在规律而且带有必然性地产生时,它是合理的,因而它的存在也是现实的。但是,到了18世纪末19世纪初,腐朽的普鲁士国家制度已经不符合当时资本主义发展的历史趋势,它的存在已然违背了历史发展的内在规律,丧失了必然性,因而就不再是合理的。尽管恶劣的普鲁士政府继续存在,这只能用德国资产阶级的软弱来加以解释。

第二,恩格斯进一步强调,现实性不是事物的固有属性,随着时间的推移和条件的变化,现实的东西也会变为不现实的。与之相反,那些合乎必然性的事物,不管它同现存的、表面的现实多么矛盾,最终也会随着条件的逐渐成熟而成为现实。罗马帝国代替罗马共和国是如此,法国大革命以资产阶级民主制代替封建君主制也是如此。由此可见,一种社会政治制度只有符合历史发展的进步潮流并取代旧的过时的社会政治制度时,才是现实的,代表这种新兴制度的阶级才是进步的、强大的、有生命力的。相反,如果一种社会政治制度随着历史的发展走向腐朽没落并被新兴制度所取代时,它就是不现实的,代表这种没落制度的阶级就是腐朽的、软弱的、无生命力的。恩格斯总结道:"根据黑格尔的意见,现实性决不是某种社会状态或政治状态在一切环境和一切时代所具有的属性。""在发展进程中,以前一切现实的东西都会成为不现实的,都会丧失自

---

[1] [德]黑格尔:《小逻辑》,贺麟译,商务印书馆1980年版,第44页。

己的必然性、自己存在的权利、自己的合理性；一种新的、富有生命力的现实的东西就会代替正在衰亡的现实的东西——如果旧的东西足够理智，不加抵抗即行死亡，那就和平地代替；如果旧的东西抗拒这种必然性，那就通过暴力来代替。"[1]

第三，恩格斯得出结论，黑格尔的命题由于辩证法本身而转化为自己的反面："凡在人类历史领域中是现实的，随着时间的推移，都会成为不合理性的，就是说，注定是不合理性的，一开始就包含着不合理性；凡在人们头脑中是合乎理性的，都注定要成为现实的，不管它同现存的、表面的现实多么矛盾。按照黑格尔的思维方法的一切规则，凡是现实的都是合乎理性的这个命题，就变为另一个命题：凡是现存的，都一定要灭亡。"[2] 由此，黑格尔上述命题的保守性外壳就被层层剥去，显露出革命性。按照黑格尔的辩证法，普鲁士政府作为现存的政府已经不合乎历史发展规律，逐渐丧失其存在的条件和现实性，一定会走向灭亡。

通过对上述命题的分析，恩格斯揭示了黑格尔哲学的"合理内核"就是其辩证法，即关于事物永恒发展的思想。恩格斯写道："黑格尔哲学（我们在这里只限于考察这种作为从康德以来的整个运动的完成的哲学）的真实意义和革命性质，正是在于它彻底否定了关于人的思维和行动的一切结果具有最终性质的看法。"[3] 这一论断是恩格斯对德国近代哲学革命在黑格尔那里达到顶峰的充分肯定。黑格尔哲学的巨大功绩就在于，他第一次把整个自然的、历史的和精

---

1 [德]恩格斯：《路德维希·费尔巴哈和德国古典哲学的终结》，人民出版社2014年版，第8页。
2 同上。
3 同上书，第9页。

知识链接

"合理内核"

"合理内核"指的是黑格尔唯心主义哲学体系中所包含的辩证法思想。作为德国古典哲学的集大成者，黑格尔将辩证法的观点贯彻到自然、社会和人类思维等各个领域，第一次把它们描述为处在不断的运动、变化、发展中的统一的过程，企图揭示出它们的内在规律性。但由于客观唯心主义立场的限制，黑格尔不是从自然和人类社会历史中抽象出辩证法的规律，而是颠倒了思维与存在的关系，将人类思维同现实过程分离开来，认为绝对精神才是辩证运动的真正主体。因此，在黑格尔哲学中，存在唯心主义的体系与辩证的方法之间的内在矛盾，这就决定了他的辩证法的不彻底性和唯心主义神秘性。马克思在《资本论》第一卷第二版跋中明确揭示了黑格尔哲学的合理内核即辩证法，他写道："辩证法在黑格尔手中神秘化了，但这决没有妨碍他第一个全面地有意识地叙述了辩证法的一般运动形式。在他那里，辩证法是倒立着的。必须把它倒过来，以便发现神秘外壳中的合理内核。"

神的世界描写为一个过程，即将其表述为始终处于不断的运动、变化和发展过程之中。而思维的任务就在于通过一切迂回曲折的道路去探索这一过程的依次发展阶段，并且透过一切表面的偶然性揭示这一过程的内在规律性。黑格尔彻底解构了传统形而上学的观点，揭示了辩证法的革命性内涵。这又表现在"哲学认识的领域"和"实践行动的领域"两个方面。具体而言，其一，就人的认识而言，没有所谓的绝对真理，真理是一个过程，是一个"从不知到知，怎样从不完全的不确切的知到比较完全比较确切的知"[1]的日渐深化的过程，是一个不断从低级阶段向高级阶段上升的认识过程。其二，就社会的发展而言，没有完美的理想状态，"历史同认识一样，永远不会在人类的一种完美的理想状态中最终结束；完美的社会、完美的'国家'是只有在幻想中才能存在的东西；相反，一切依次更替的历史状态都只是人类社会由低级到高级的无穷发展进程中的暂时阶段"[2]。黑格尔的辩证法把人类以往认识绝对真理、达到完美社会的幻想彻底打破了。

接下来，恩格斯正面阐述了唯物辩证法的发展观："这种辩证哲学推翻了一切关于最终的绝对真理和与之相应的绝对的人类状态的观念。在它面前，不存在任何最终的东西、绝对的东西、神圣的东西；它指出所有一切事物的暂时性；在它面前，除了生成和灭亡的不断过程、无止境地由低级上升到高级的不断过程，什么都不存在。它本身就是这个过程在思维着的头脑中的反映。诚然，它也有保守的方面：它承认认识和社会的一定阶段对它那个时代和那种环境来说都有存在的理由，但也不过如此而已。这种观察方法的保守

---

[1] 《列宁选集》第2卷，人民出版社2012年版，第77页。
[2] [德]恩格斯：《路德维希·费尔巴哈和德国古典哲学的终结》，人民出版社2014年版，第9页。

性是相对的,它的革命性质是绝对的——这就是辩证哲学所承认的唯一绝对的东西。"[1] 恩格斯在这里精辟地概括了唯物辩证法的丰富思想及其哲学意义:其一,一切事物都是不断发展变化的,不存在任何最终的、绝对的、神圣的东西,这就和形而上学划清了界限;其二,主观辩证法是客观辩证法的反映,这就和唯心主义划清了界限;其三,在事物发展过程中,运动是绝对的,静止是相对的,这就和相对主义划清了界限。

(三) 革命的方法被保守的体系所窒息

如前所述,黑格尔的辩证法具有革命性,"但是他本人从来没有这样明确地作出这个结论",恩格斯指出,"原因很简单,因为他不得不去建立一个体系,而按照传统的要求,哲学体系是一定要以某种绝对真理来完成的"。[2] 在这里我们首先介绍一下黑格尔的哲学体系。

在黑格尔看来,哲学的对象是绝对精神的自我运动、自我发展,哲学的任务是研究这一运动的内在必然性,再现绝对精神自我运动的历史。为了实现这一任务,黑格尔建立了庞大的哲学体系。按照黑格尔的观点,绝对精神在自我发展过程中经历了三个主要阶段:在第一个阶段,它表现为逻辑概念的发展;在第二个阶段,它向自己的对立面转化,外化为自然界;在第三个阶段,又扬弃这个

---

[1] [德]恩格斯:《路德维希·费尔巴哈和德国古典哲学的终结》,人民出版社2014年版,第9—10页。
[2] 同上书,第10页。

对立面而复归自身,由此达到绝对精神之自我认识的目的。根据绝对精神的这一辩证运动,黑格尔哲学体系主要包括如下三个部分。

第一部分:逻辑学。研究自然界产生之前的绝对精神,这个尚处于自在阶段的精神就是绝对理念,它所产生的逻辑范畴是整个世界,包括尚未出现的物质世界的基础,是整个体系的基本原则。

第二部分:自然哲学。研究绝对精神的异在,即体现为自然界的绝对精神。精神之所以需要自然界,只是为了达到认识自己的目的,因为自然界的最高产物——人的意识是精神的最适当的体现者;自然界既是人类精神活动的舞台,也是人类认识绝对理念,即实现精神的自我认识所必需的中介。但是,归根结底,自然界只是起了建筑的脚手架的作用,等到精神大厦修建完成,精神已经达到了自我认识,它也就没有存在的必要了。因此,在黑格尔的哲学体系中,自然界只是一个消逝着的环节。

第三部分:精神哲学。研究绝对精神从异在向自身的复归,即体现为人的精神的绝对精神。在这里,精神指的是人的意识活动及其产物。黑格尔认为,精神以自然为其前提,但这并不意味着人的精神本质上是物质自然界的产物,恰恰相反,人的精神是绝对精神的第三种表现形式,精神是自然界之绝对第一性的东西。在这里,黑格尔研究了人类社会生活和社会意识的发展,精神最后是在哲学意识形态中,即是说,在黑格尔自己的哲学中达到了自我认识的目的,实现其为绝对精神。绝对理念是自在的绝对精神,经过自然界和人类社会的发展,到黑格尔哲学则成为实现了的、作为绝对精神的绝对精神。[1]

...

[1] 参见杨祖陶:《德国古典哲学逻辑进程》,人民出版社2016年版,第168—169页。

由于黑格尔力图构造一个绝对真理的体系，一个完全封闭的哲学圆圈，这样一种形而上学的冲动与黑格尔本人的辩证法构成了尖锐的不可调和的矛盾，因为辩证法是要求永恒发展的，反对任何最终的绝对的东西。恩格斯指出，这种体系与方法的矛盾具体表现在如下两个方面：一方面，"在哲学的认识上"，黑格尔认为自己的哲学实现了对绝对观念的认识，自己的哲学就是绝对真理。但是，按照他的辩证方法，人的认识是永恒发展的，并不存在绝对真理。"这样一来，黑格尔体系的全部教条内容就被宣布为绝对真理，这同他那消除一切教条东西的辩证方法是矛盾的；这样一来，革命的方面就被过分茂密的保守的方面所窒息。"[1] 另一方面，"在历史的实践上"，黑格尔在《法哲学原理》结尾中提出："绝对观念应当在弗里德里希－威廉三世向他的臣民再三许诺而又不予兑现的那种等级君主制中得到实现，就是说，应当在有产阶级那种适应于当时德国小资产阶级关系的、有限的和温和的间接统治中得到实现；在这里还用思辨的方法向我们论证了贵族的必要性。"[2] 在这里，黑格尔认为等级君主制是最理想的制度，当时的普鲁士政府是最理想的状态。但是，按照辩证法，人类永远达不到完美的社会和国家。由此可见，对于黑格尔而言，正是"体系的内部需要"，才使彻底革命的思维方法产生了极其温和的政治结论。

在揭示出黑格尔哲学的内在矛盾以后，恩格斯提出了正确对待黑格尔哲学的两个原则：一是历史地理解，即是说，我们应当在

---

[1] [德]恩格斯：《路德维希·费尔巴哈和德国古典哲学的终结》，人民出版社2014年版，第10—11页。

[2] 同上书，第11页。

特定历史背景下理解黑格尔及其哲学。在恩格斯看来，黑格尔的辩证法之所以未能贯彻到底，反而被其唯心主义的形而上学体系所束缚，从根本上说，是由于当时德国的状况决定了黑格尔"没有完全摆脱德国庸人的习气"[1]。换句话说，这是由于黑格尔所代表的德国资产阶级的软弱性和妥协性所致。这也就意味着，黑格尔哲学中体系与方法的内在矛盾是他那个时代的产物。二是辩证地审视，即是说，我们应当辩证地看待黑格尔哲学及其遗产。对此，恩格斯写道："人们只要不是无谓地停留在它们面前，而是深入到大厦里面去，那就会发现无数的珍宝，这些珍宝就是在今天也还保持着充分的价值。"[2]在恩格斯看来，黑格尔哲学的价值表现在：其一，黑格尔"不仅是一个富于创造性的天才，而且是一个百科全书式的学识渊博的人物，所以他在各个领域中都起了划时代的作用"[3]，就是说，黑格尔的哲学体系不仅囊括

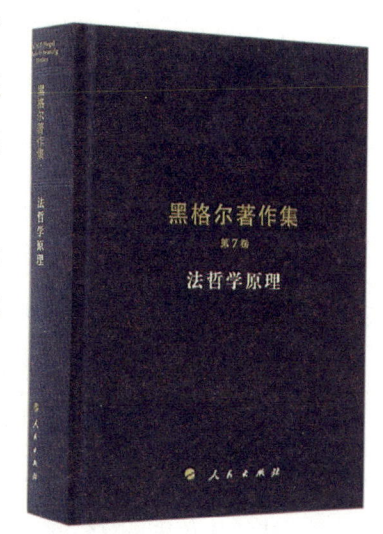

---

1 [德]恩格斯：《路德维希·费尔巴哈和德国古典哲学的终结》，人民出版社 2014 年版，第 11 页。
2 同上书，第 12 页。
3 同上书，第 11—12 页。

人民出版社出版的《黑格尔著作集》第 7 卷《法哲学原理》书影↑

了以前任何体系所不可比拟的广大领域,而且在所有这些不同的历史领域中,黑格尔都力求找出并指明贯穿这些领域的发展线索;其二,黑格尔的辩证法使人们认识到那种企图建立一个包罗万象的"绝对真理"体系的任务是无法实现的,这样做"无非就是要求一个哲学家完成那只有全人类在其前进的发展中才能完成的事情"[1]。正是在这种意义上,恩格斯指出,"以往那种意义上的全部哲学也就完结了",人们必须将所谓的"绝对真理"撇在一边,"而沿着实证科学和利用辩证思维对这些科学成果进行概括的途径去追求可以达到的相对真理"[2]。

于是,恩格斯得出了全书的一个重大结论:"总之,哲学在黑格尔那里完成了,一方面,因为他在自己的体系中以最宏伟的方式概括了哲学的全部发展;另一方面,因为他(虽然是不自觉地)给我们指出了一条走出这些体系的迷宫而达到真正地切实地认识世界的道路。"[3]这就意味着,以往那种凌驾于其他一切科学之上的哲学在黑格尔这里终结了,同时又指出了正确认识世界的出路。这也是恩格斯本人对该书标题中"终结(ausgang)"一词所包含的"终结"与"出路"两层含义的完整诠释。

(四)黑格尔学派解体与费尔巴哈的出场

黑格尔哲学不仅在当时的德国,而且在全世界都产生了巨大

---

1 [德]恩格斯:《路德维希·费尔巴哈和德国古典哲学的终结》,人民出版社2014年版,第12页。
2 同上。
3 同上。

的影响；不仅在黑格尔生前，而且在其去世之后的 1830 年到 1840 年"黑格尔主义"都取得了独占的统治地位。黑格尔的观点不仅大量渗入了各种科学，也渗透了通俗读物和日报。"但是，这一全线胜利仅仅是一种内部斗争的序幕罢了。"[1] 到了 19 世纪 30 年代末期，黑格尔学派就开始解体了。

黑格尔学派的解体，既有社会历史原因，也有思想理论原因。从社会历史原因看，黑格尔学派的解体是由德国社会历史发展的客观进程所决定的。当时德国社会内部矛盾尚未激化，黑格尔哲学得出的也主要是保守的结论，恩格斯写道："黑格尔本人，虽然在他的著作中相当频繁地爆发出革命的怒火，但是总的说来似乎更倾向于保守的方面；他在体系上所花费的'艰苦的思维劳动'倒比他在方法上所花费的要多得多。"[2] 到了 19 世纪 30 年代末 40 年代初，德国社会内部的矛盾日益激化，资产阶级与封建贵族之间的斗争日益尖锐。资本主义经济的迅速发展，使资产阶级不堪忍受封建君主的压迫。初登王座的弗里德里希·威廉四世试图将国家和教会的权力集于一身，这种政治上的倒行逆施迫使从资产阶级中分化出来的激进派越来越重视黑格尔哲学中辩证法的进步因素。

从思想理论原因看，黑格尔哲学中保守的哲学体系与革命的辩证方法之间的内在矛盾决定了其终将难逃解体的命运。黑格尔的整个学说为容纳各种极不相同的实践的党派观点留下了广阔场所，各种政治力量纷纷从自己的立场出发挖掘黑格尔哲学的不同因素。其

---

[1] [德]恩格斯:《路德维希·费尔巴哈和德国古典哲学的终结》，人民出版社 2014 年版，第 13 页。

[2] 同上。

中，老年黑格尔派站在封建贵族和资产阶级保守派的立场上，特别重视黑格尔哲学的唯心主义体系，抛弃了辩证法，他们将黑格尔的绝对观念与基督教的上帝完全等同，认为黑格尔哲学无非是一种理性形式的基督教神学，主张维护普鲁士王国的反动统治。与之相反，青年黑格尔派则站在资产阶级激进派的立场上，特别重视黑格尔的辩证方法，在政治上和宗教上都可能属于最极端的反对派，他们"在反对虔诚派的正统教徒和封建反动派的斗争中一点一点地放弃了在哲学上对当前的紧迫问题所采取的超然态度"[1]，开始把哲学作为批判的武器，将矛头对准传统的宗教和现存的国家。

在黑格尔学派解体的过程中，除了第一次分化出老年黑格尔派和青年黑格尔派之外，在青年黑格尔派内部又发生了第二次分化，这主要是源于施特劳斯和鲍威尔关于福音神话起源问题上的争论。青年黑格尔派尽管是资产阶级激进派的代表，但由于其根深蒂固的软弱性，加之政治在当时是一个荆棘丛生的领域，他们便把主要的斗争转为反宗教的斗争。这一斗争从1840年资产阶级革命运动开始以后间接地也是政治斗争，因为一旦戳穿了为君主专制辩护的宗教谎言，也就间接地批判了君主专制制度。

1835年，施特劳斯出版《耶稣传》一书，否认《圣经》内容的历史可靠性，认为其中的福音故事是在宗教团体内部通过不自觉的、传统的创作神话的途径形成的，"神话不是个别人的有意识的故意的虚构，而是整个民族或宗教团体的共同意识的产物"，这成为宗教批判的"第一个推动力"。随后，布鲁诺·鲍威尔指责施特

---

[1] [德]恩格斯：《路德维希·费尔巴哈和德国古典哲学的终结》，人民出版社2014年版，第13页。

知识链接

青年黑格尔派与老年黑格尔派

随着1831年黑格尔逝世,黑格尔学派逐渐分化为代表资产阶级利益的、激进的青年黑格尔派和代表容克贵族利益的、保守的老年黑格尔派。青年黑格尔派,又称"黑格尔左派",主要代表人物有施特劳斯、布鲁诺·鲍威尔、卢格、赫斯、费尔巴哈等人。青年黑格尔派在哲学上主张以黑格尔的辩证法反对其保守的体系,在政治上主张政治自由和无神论,反对封建专制制度。他们将批判的矛头指向作为封建专制制度思想基础的基督教,明确指出不是神按照自己的形象创造了人,而是人按照自己的形象创造了神。就此而言,青年黑格尔派在资产阶级民主革命初期曾起过一定的进步作用。

老年黑格尔派,又称"黑格尔右派",主要代表人物有辛利克斯、加布勒、格舍尔、道布等。老年黑格尔派在哲学上重视黑格尔保守的客观唯心主义体系,抛弃了他的辩证方法。他们还以正统基督教神学来解释黑格尔哲学,认为黑格尔体系是一个最终的绝对的体系,将黑格尔的绝对精神同基督教的上帝完全等同起来,宣称黑格尔哲学是以理性形式阐述的基督教神学。在政治上,老年黑格尔派反对资产阶级民主革命和自由派的激进主张,维护德国封建专制制度,支持教会保护宗教神学，公然为普鲁士王朝进行辩护，是德国封建贵族和资产阶级保守派的代表。

15世纪意大利描绘福音故事的绘画，安德烈·曼特格纳绘 文化传播/供图

劳斯完全抹杀了神话以及福音故事作者个人的有意识的活动的作用，他认为从"共同意识"中直接引申出神话传说依然没有摆脱宗教神秘观点，而且撇开个人自我意识活动的所谓"共同意识"只能是神秘的超自然的东西。在鲍威尔看来，福音故事都是作者自己主观虚构的。

恩格斯指出："两人之间的争论是在'自

我意识'对'实体'的斗争这一哲学幌子下进行的。"[1]即是说，这一争论仍然是在黑格尔哲学内部进行的。在黑格尔那里，绝对精神是实体和自我意识的统一。实体是精神性的客体，自我意识是抽象的主体。实体意指绝对概念是一种按照自身规律变化发展的客观精神，自我意识意指绝对观念发展的一个阶段，在此阶段上绝对精神外化成了人，通过人，绝对精神达到对自身的认识。黑格尔的自我意识就是绝对观念的化身，就是抽象的人。施特劳斯和鲍威尔分别抓住其中的一个方面，鲍威尔指责施特劳斯过于偏重实体而忽视了自我意识，指责他忽略了人的有意识的活动在福音神话形成中的作用，而将这个过程视作纯粹客观精神自发进行的。鲍威尔在为自我意识辩护时则过分强调了自我意识的作用，而将客观精神自身的规律完全弃之不顾。在鲍威尔看来，无限的自我意识是一切事物存在的根据，因此，他将福音故事的产生说成完全是福音作者的有意编造。

针对这一争论，恩格斯站在历史观高度予以审视，"这个问题竟扩展为这样一个问题：在世界历史中起决定作用的力量是'实体'呢，还是'自我意识'"[2]。换句话说，就是决定世界历史发展的究竟是世界历史的自身规律呢，还是人的有意识的自觉的活动。施特劳斯强调的是前者，鲍威尔主张的是后者。如果脱离人的活动，抽象地谈论历史发展的进程及其规律，这是纯粹的神秘主义。相反，如果脱离历史发展的规律来谈人的活动，那么就会出现个别人

---

[1] [德]恩格斯：《路德维希·费尔巴哈和德国古典哲学的终结》，人民出版社2014年版，第14页。
[2] 同上。

凭自己的主观愿望任意创造历史的唯心史观。根据马克思主义的观点，有规律的历史发展进程是各个个人活动的总和，而各个个人的活动又不是与整个有规律的历史进程相脱离的，每个个人活动的不同动机、方式和效果都是在一定的社会条件下，归根到底为有规律的历史进程所决定的。这就是历史发展的辩证规律。黑格尔本人以其唯心主义的神秘方式在一定意义上洞悉了历史发展的规律性与具体个人活动之间的辩证关系。因此，就这一点而言，仅仅抓住了黑格尔哲学某一个侧面的施特劳斯和鲍威尔在历史观层面上都是一种倒退。鲍威尔对基督教的批判超过了施特劳斯，他把福音书视作纯粹的虚构，这在神学上无疑是激进的，但在政治上仍然是保守的。因为在他那里，历史的决定因素是自我意识的创造作用，只有那些具有批判思维的个人即天才所进行的批判才能改变现实。这是一种英雄史观，忽视了人民群众的伟大作用，如此一来，便无法从根本上触动和颠覆既存的社会制度。

此后，施蒂纳将鲍威尔的自我意识理论发展到了极端，在他的《唯一者及其所有物》一书中，不仅宗教是自我意识的产物，而且国家、财产、道德等都是自我意识的产物，自我是宇宙间独一无二的"唯一者"，是世界万物的造物主，施蒂纳公然宣称"我的一切就是我，我就是唯一者"，"我把一切都归于我"。于是，恩格斯写道："最后，出现了施蒂纳，现代无政府主义的先知（巴枯宁从他那里抄袭了许多东西），他用他的至上的'唯一者'压倒了至上的'自我意识'。"[1] 施蒂纳的唯我论是青年黑格尔派彻底瓦解前的最后

---

[1] [德] 恩格斯：《路德维希·费尔巴哈和德国古典哲学的终结》，人民出版社2014年版，第14页。

闪光，也是无政府主义诞生的前奏。施蒂纳的"唯一者"，实际上是一个完全摆脱了良心、权利、习惯、法律、国家的束缚，要求绝对自由，幻想能够在无限制的竞争中独立自主生活的小资产者，是一个彻底的利己主义者、个人主义者。施蒂纳狂热地鼓吹极端个人主义和无政府主义，反对一切国家和组织，反对共产主义和集体主义，主张未来的社会应该是无政府的，是独立的小私有者的自由联盟，反映了幻想永远保留小私有制的德国小资产阶级的要求。施蒂纳将鲍威尔的自我意识变成渴望绝对自由的"唯一者"，是从客观唯心主义向极端的主观唯心主义甚至是唯我主义的转变。

在黑格尔学派解体的过程中，"对现存宗教进行斗争的实践需要，把大批最坚决的青年黑格尔派分子推回到英国和法国的唯物主义"[1]，费尔巴哈便是其中的代表。恩格斯接下来高度评价了费尔巴哈哲学的伟大贡献：其一，费尔巴哈的《基督教的本质》一书的出版，"直截了当地使唯物主义重新登上王座"[2]，从而解决了批判宗教的斗争与维护唯心主义哲学之间的矛盾；其二，费尔巴哈揭开了宗教的神秘外衣，明确指出，"我们的宗教幻想所创造出来的那些最高存在物只是我们自己的本质的虚幻反映"[3]。费尔巴哈的这些思想在当时起到了思想解放的作用，恩格斯坦承："我们一时都成为费尔巴哈派了。"[4] 正是在费尔巴哈的影响下，马克思和恩格斯走上了唯物主义的道路，这可以从《神圣家族》中看出来，马克思和恩格

1　[德]恩格斯：《路德维希·费尔巴哈和德国古典哲学的终结》，人民出版社 2014 年版，第 14 页。
2　同上。
3　同上书，第 15 页。
4　同上。

斯写道:"只有费尔巴哈才是从黑格尔的观点出发而结束和批判了黑格尔的哲学。费尔巴哈把形而上学的绝对精神归结为'以自然为基础的现实的人',从而完成了对宗教的批判。同时也巧妙地拟定了对黑格尔的思辨以及一切形而上学的批判的基本要点。"[1]

与此同时,恩格斯也意识到了费尔巴哈这部书的缺点:其一,"它以美文学的词句代替了科学的认识";其二,"主张靠'爱'来实现人类的解放,而不主张用经济上改革生产的办法来实现无产阶级的解放,一句话,它沉溺在令人厌恶的美文学和泛爱的空谈中了"[2]。恩格斯还特别指出,从1844年起,在德国"有教养的"人们中间像瘟疫一样传播开来的"真正的社会主义"正是同费尔巴哈的这两个弱点紧密相连的。对此,马克思除了在《德意志意识形态》第二卷中对其进行哲学批判之外,还在《共产党宣言》中揭示了其阶级实质:所谓"真正的"社会主义是"政府用来镇压德国工人起义的毒辣的皮鞭和枪弹的甜蜜的补充","这种社会主义成了德意志各邦专制政府及其随从——僧侣、教员、容克和官僚求之不得的、吓唬来势汹汹的资产阶级的稻草人","保存这个小资产阶级,就是保存德国的现存制度"[3]。

最后,恩格斯写道:"黑格尔学派虽然解体了,但是黑格尔哲学并没有被批判地克服。"[4]因为费尔巴哈仅仅打破了黑格尔的体系,简单地把它抛在一旁,就像倒洗澡水时,把盆里的小孩一起倒掉

---

[1]《马克思恩格斯全集》第2卷,人民出版社1957年版,第177页。
[2] [德]恩格斯:《路德维希·费尔巴哈和德国古典哲学的终结》,人民出版社2014年版,第15页。
[3]《马克思恩格斯选集》第1卷,人民出版社2012年版,第428页。
[4] [德]恩格斯:《路德维希·费尔巴哈和德国古典哲学的终结》,人民出版社2014年版,第15页。

了，这种干脆置之不理的方法是无效的，正确的态度应该是扬弃，"要批判地消灭它的形式，但是要救出通过这个形式获得的新内容"[1]。而这正是马克思和恩格斯接下来要做的。

三、哲学基本问题与费尔巴哈唯物主义的局限

第二章主要考察费尔巴哈的唯物主义哲学。在这一部分，恩格斯主要讲了四个问题：其一，论述了哲学基本问题及其两方面的内容；其二，指出了费尔巴哈唯物主义的"基本内核"；其三，分析了包括费尔巴哈在内的旧唯物主义的缺陷及其历史根源；其四，批判了施达克在哲学基本问题上的混乱。

（一）哲学基本问题及其两方面的内容

恩格斯在第二章开头便明确提出了哲学基本问题，他写道："全部哲学，特别是近代哲学的重大的基本问题，是思维和存在的关系问题。"[2] 思维和存在的关系这一问题自古就有，最初表现为"灵魂对外部世界的关系"，"只是在欧洲人从基督教中世纪的长期冬眠中觉醒以后"，到了近代才被十分清楚地提了出来。为了更全面深入地理解恩格斯关于哲学基本问题的理论，我们首先考察一下它的历

---

[1] [德]恩格斯：《路德维希·费尔巴哈和德国古典哲学的终结》，人民出版社2014年版，第16页。
[2] 同上书，第17页。

史演进及其在哲学思想发展史上的地位、作用和意义。

人们对于思维和存在关系问题的认识，经历了一个漫长的发展过程。在历史上，各哲学派别围绕这一问题，展开了激烈的争论，呈现了丰富多彩的历史画面。从远古蒙昧时代起，人们就思考"灵魂对外部世界的关系"这一问题。在当时，人们刚刚脱离自然，生产力极端低下，科学知识不足，不了解身体的构造，无法解释做梦的奥秘，于是把自然人格化。他们把思维和感觉的活动，不是看作人体的活动，而是看作离开身体以外的灵魂活动。这是思维和存在关系问题的最原始的思考。

哲学产生以后，思维和存在的关系问题，即人们的主观观念和外部世界的关系，成为哲学探索和研究的基本问题。当然，随着历史的发展，不同时代围绕这一基本问题展开争论的内容和表现形式也不尽相同。在古希腊，那些朴素的唯物主义哲学家大多认为，物质性的东西是万物的本原，他们称之为"始基"，即万物从其产生、又复归于它的东西。例如，泰勒斯认为，水是万物的始基；阿那克西美尼主张万物的始基是气；赫拉克利特认为，世界是一团永恒的活火；德谟克利特认为，事物的本原是原子和虚空。而另外一些唯心主义哲学家则反对始基的物质性阐释，例如，毕达哥拉斯认为，数是万物的本质，"万物皆数"；苏格拉底认为，世界万物的产生、发展和毁灭都是神的安排；柏拉图认为，世界的本原是理念，理念世界是唯一真实的存在，感性的物质世界只是对理念世界的模仿。因此，从古希腊哲学关于世界本原的不同阐释中可以看出，它们一开始就是围绕思维与存在的关系问题展开的。

在中世纪，由于宗教统治了欧洲，神学支配了一切，哲学沦为神学的婢女。即便如此，一切争论问题仍离不开哲学基本问题。在经院哲学内部，唯名论和唯实论围绕着一般和个别展开争论。唯名论者强调，只有个别的事物才是独立的存在，没有离开个别事物而独立存在的一般事物，所谓一般只是个别事物的符号；唯实论者则认为，一般是先于个别事物而独立存在的，只有一般是实在的。如果说唯实论在根本上是唯心主义的话，唯名论者则表现出唯物主义倾向。这场持续了数个世纪的争论，虽然披着宗教的外衣，貌似在宗教范围内讨论问题，但究其实质依然是思维与存在的关系问题。随着争论的进行，经院哲学也开始逐渐瓦解。

随着资本主义生产关系的萌芽、形成和发展，生产力和自然科学迅速发展起来，落后的封建社会关系以及作为其精神支柱的宗教神学严重妨碍着资本主义和科学的发展，于是产生了资产阶级反对封建统治和宗教神学的斗争。哲学作为资产阶级革命的先导，向教会权威发起挑战。于是，"什么是本原的，是精神，还是自然界？——这个问题以尖锐的形式针对着教会提了出来：世界是神

古希腊哲学家毕达哥拉斯画像　文化传播 / 供图 ↑

创造的呢，还是从来就有的？"[1]这样，思维与存在的关系问题，伴随着欧洲人从中世纪的黑暗统治中觉醒以后，才被十分清楚地提出来，从而获得了它的完全的意义。

近代哲学史上两条哲学路线的斗争，不论采取何种形式，同样是围绕着上述基本问题进行的。近代西欧哲学史的两条路线之对立开始于文艺复兴时期的人文主义思潮，人文主义者反对中世纪的宗教神学，他们将目光从神转向人，从封建神学的天堂回到资本主义的人间世界，主张把人和自然作为现实的存在。从16世纪到17世纪末，英国的弗兰西斯·培根和洛克高举唯物主义经验论的旗帜，反对唯心主义的先验论，创立和发展了机械唯物主义。与此同时，法国的笛卡尔则宣扬"天赋观念"，成为唯心主义唯理论的代表。经验论和唯理论的对峙，展开了思维与存在关系问题的不同争论。进入18世纪，斗争日益明显，本来是近代唯物主义故乡的英国，这时适应日益发展的资产阶级意识形态的需要，产生了贝克莱、休谟等主观唯心主义；而原本落后的法国却涌现出一批启蒙运动的先驱和狄德罗、拉美特利、霍尔巴赫等战斗唯物主义者及无神论者，他们不仅反对经院哲学，批评笛卡尔哲学中的唯心主义因素，而且强烈反对贝克莱等的唯心主义和不可知论，从而把唯物主义推向了前进。尽管他们也有其历史局限性，但就哲学基本问题而言，却在哲学路线上得到了彻底的贯彻和科学的论证。

到了19世纪，在德国，从康德、费希特、谢林到黑格尔等唯心主义哲学家，在哲学基本问题上都表现出各自的特点。康德关于

---

[1] [德]恩格斯：《路德维希·费尔巴哈和德国古典哲学的终结》，人民出版社2014年版，第18页。

> **知识链接**
>
> ### 不可知论
>
> 不可知论是一种怀疑并否定人的认识能力，认为人不能认识客观世界或无法彻底认识客观世界的认识论理论。不可知论的共同特征是断言人的认识能力不能超出感觉经验或现象的范围，不能认识事物的本质及其规律。不可知论的代表人物有英国的休谟和德国的康德。休谟和康德揭露了认识过程的矛盾性，批判了哲学上的独断论，对认识论的发展起过一定的作用。但他们把感觉看作意识同外部世界隔绝开来的屏障，在人的认识同外部世界之间人为地划了一条不可逾越的鸿沟，这从根本上说是错误的。不可知论限制科学的发展，贬损知识并为宗教信仰保留地盘，在哲学倾向上是唯心主义和形而上学的。

现象和自在之物的二元论将思维与存在割裂并对立起来，他的不可知论是针对唯物主义反映论的。费希特以更彻底的主观唯心主义发展了康德哲学，他的"知识学"的三条原则分别是："自我设定自身"，"自我设定非我与自己对立"，"自我在自我之中对设一个可分割的非我以与可分割的自我相对立"。[1] 即是说，在费希特那里，主

---

[1] [德] 费希特:《全部知识学的基础》，王玖兴译，商务印书馆1986年版，第27页。

体产生客体，客体依赖主体，并与主体不可分。谢林的"同一哲学"则认为，作为哲学的出发点和最高原则的，应当是存在和思维、物质和精神、客体和主体、无意识的东西和有意识的东西、观念的东西和实在的东西的绝对同一，"这种更高的东西本身就既不能是主体，也不能是客体，更不能同时是这两者，而只能是绝对的同一性"[1]，这里的"绝对的同一性"是指某种绝对的理性或精神。黑格尔是德国古典哲学的集大成者，他在《精神现象学》中写道："存在与自我意识就是同一个东西；而所谓同一个东西，并不是比较地相同，而是就其本身说根本是一个东西。"[2] 不难看出，黑格尔仍然是以唯心主义的方式解决了哲学基本问题。但同样应该指出的是，德国的思辨哲学以颠倒的形式初步认识到了思维与存在的关系问题在哲学中的地位和作用。无论是康德的割裂说，还是谢林的同一论，抑或是黑格尔的"实体即主体"，它们都是围绕思维和存在、主观和客观、精神和物质的关系问题展开的。费尔巴哈批判了德国古典哲学中思维与存在关系的同一性范畴，对哲学基本问题提出了唯物主义的阐释方案："思维与存在的真正关系只是这样的：存在是主体，思维是宾词。思维是从存在而来的，然而存在并不来自思维。"[3] 而且，费尔巴哈明确强调，"这是哲学上最重要的也是最困难的问题，全部哲学史就是围绕这个问题兜圈子"[4]。对此，列宁在《哲

---

[1] [德] 谢林:《先验唯心论体系》，梁志学、石泉译，商务印书馆 1976 年版，第 250 页。
[2] [德] 黑格尔:《精神现象学》(上卷)，贺麟、王玖兴译，商务印书馆 1979 年版，第 157 页。
[3] 《费尔巴哈哲学著作选集》上卷，荣震华等译，生活·读书·新知三联书店 1959 年版，第 115 页。
[4] 转引自《列宁全集》第 55 卷，人民出版社 2017 年版，第 45 页。

学笔记》中专门予以摘录，并在旁边批注道，"参看恩格斯的《路德维希·费尔巴哈》中的同一个问题"[1]。由此可见，尽管不同时期的表述不尽相同，思维与存在的关系问题一直是作为一条基本的线索贯穿于整个哲学发展史始终的。虽然他们并没有明确提出哲学基本问题这一概念，但必须承认，不论是黑格尔还是费尔巴哈，都已经从不同的哲学立场触及了这一问题的实质。

马克思和恩格斯创立辩证唯物主义和历史唯物主义的过程，也是对哲学基本问题的认识逐步深化的过程。早在 1843 年，马克思在《黑格尔法哲学批判》中就批判了黑格尔哲学的泛逻辑主义倾向，从而初步地以唯物主义的方式解决了哲学基本问题。他写道，黑格尔把"观念变成了主体，而家庭和市民社会对国家的现实的关系被理解为观念的内在想像活动。家庭和市民社会都是国家的前提，它们才是真正活动着的；而在思辨的思维中这一切却是颠倒的"[2]。马克思还写道："哲学的因素不是事物本身的逻辑，而是逻辑本身的事物。不是用逻辑来论证国家，而是用国家来论证逻辑。"[3]在《1844 年经济学哲学手稿》中，关于思维与存在的区别和联系，马克思写道："普遍意识是现实生活的抽象，并且作为这样的抽象是与现实生活相敌对的。""思维和存在虽有区别，但同时彼此又处于统一中。"[4]在《神圣家族》中，马克思和恩格斯批判了布鲁诺·鲍威尔等人的主观唯心主义，鲍威尔等人"教导工人们说，只要他们在思想中消除了雇佣劳动的想法，只要他们在思想上不再认为自己

---

[1] 《列宁全集》第 55 卷，人民出版社 2017 年版，第 45 页。
[2] 《马克思恩格斯全集》第 3 卷，人民出版社 2002 年版，第 10 页。
[3] 同上书，第 22 页。
[4] 《马克思恩格斯全集》第 3 卷，人民出版社 2002 年版，第 302 页。

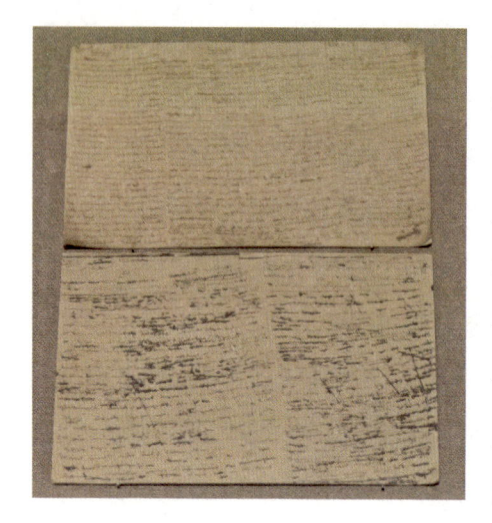

是雇佣工人,并且按照这种过于丰富的想象,不再设想自己是作为单个的人来支取工钱的,那末他们就会真的不再是雇佣工人了","只要他们在思想上铲除了资本这个范畴,他们也就消除了真正的资本"。[1]面对此种荒谬的唯心主义谎言,马克思揭露了他们的本质:工人阶级"他们非常痛苦地感觉到存在和思维、意识和生活之间的差别。他们知道,财产、资本、金钱、雇佣劳动以及诸如此类的东西远不是想像中的幻影,而是工人自我异化的十分实际、十分具体的产物,因此也必须用实际的和具体的方式来消灭它们,以便使人不仅能在思维中、意识中,而且也能在群众的存在中、生活中真正成其为人"[2]。在这里,马克思和恩格斯已经不仅仅是将哲学基本问题视作一个抽象的理论问题,而且是将其视为工人阶级认识世界和改造世界的实践问题。到了《关

马克思《1844年经济学哲学手稿》序言第1页、笔记本中的一页 海峰/供图↑

[1] 《马克思恩格斯全集》第2卷,人民出版社1957年版,第66页。
[2] 同上。

于费尔巴哈的提纲》中，马克思便明确提出：思维是否反映客观存在，即"人的思维是否具有客观的 [gegenständliche] 真理性，这不是一个理论的问题，而是一个实践的问题"[1]。在《德意志意识形态》中，马克思更是从唯物主义与唯心主义对立的角度，强调"不是意识决定生活，而是生活决定意识"[2]。在 1859 年的《〈政治经济学批判〉序言》中，马克思再次重申："不是人们的意识决定人们的存在，相反，是人们的社会存在决定人们的意识。"[3] 后来，马克思和恩格斯在许多著作中多次阐明、运用、发展和深化了这一基本原理，直到 19 世纪 90 年代，恩格斯通过总结人类认识史特别是哲学发展史的经验，第一次明确地将思维与存在的关系问题概括为哲学基本问题。

恩格斯接下来深入阐释了哲学基本问题所包含的两方面内容及其哲学意义。关于哲学基本问题的第一个方面，恩格斯写道："哲学家们依照他们如何回答这个问题而分成了两大阵营。凡是断定精神对自然界说来是本原的，从而归根到底承认某种创世说的人（而创世说在哲学家那里，例如在黑格尔那里，往往比在基督教那里还要繁杂和荒唐得多），组成唯心主义阵营。凡是认为自然界是本原的，则属于唯物主义的各种学派。除此之外，唯心主义和唯物主义这两个用语本来没有任何别的意思，它们在这里也不是在别的意义上使用的。"[4] 这就是说，哲学基本问题的第一方面是思维与存在、

1　《马克思恩格斯选集》第 1 卷，人民出版社 2012 年版，第 134 页。
2　同上书，第 152 页。
3　《马克思恩格斯选集》第 2 卷，人民出版社 2012 年版，第 2 页。
4　[德] 恩格斯:《路德维希·费尔巴哈和德国古典哲学的终结》，人民出版社 2014 年版，第 18 页。

精神与物质何者为第一性、何者为本原的问题，这是本体论问题，对这一问题的不同回答是区分唯物主义和唯心主义的标准。断定精神是本原的，属于唯心主义；认为自然界是本原的，则属于唯物主义。

按照恩格斯的观点，唯心主义在哲学史上表现为主观唯心主义和客观唯心主义两种形态。主观唯心主义认为，世界本原的基础是主体的感觉和意识，如贝克莱主张的"物是感觉的复合"。客观唯心主义认为，世界本原的基础不是主体的感觉和意识，而是主体之外的不依赖于人的感觉和意识的精神或理念，如柏拉图的理念论和黑格尔的绝对精神。尽管具体表述不尽相同，但共同点在于坚持意识第一性，物质第二性。同样地，唯物主义在哲学史上也呈现出不同的形态，如朴素唯物主义、机械唯物主义、庸俗唯物主义、辩证唯物主义等，它们的共同点在于坚持物质第一性、意识第二性。

正是在这一意义上，后来列宁在《唯物主义和经验批判主义》一书中提出了"哲学的党性原则"，他写道："在经验批判主义认识论的烦琐语句后面，不能不看到哲学上的党派斗争，这种斗争归根到底表现着现代社会中敌对阶级的倾向和意识形态。最新的哲学像在两千年前一样，也是有党性的。唯物主义和唯心主义按实质来说，是两个斗争着的党派，而这种实质被冒牌学者的新名词或愚蠢的无党性所掩盖。"[1] 因此，就哲学基本问题的第一方面而言，任何哲学，要么是唯物主义，要么是唯心主义，没有第三条路线可言，任何企图凌驾于唯物主义和唯心主义之上以"超党派"自居的哲学，往往都是唯心主义为掩盖其实质而玩弄的骗人把戏。

---

[1]《列宁选集》第2卷，人民出版社2012年版，第240页。

关于哲学基本问题的第二个方面，恩格斯写道："但是，思维和存在的关系问题还有另一个方面：我们关于我们周围世界的思想对这个世界本身的关系是怎样的？我们的思维能不能认识现实世界？我们能不能在我们关于现实世界的表象和概念中正确地反映现实？用哲学的语言来说，这个问题叫做思维和存在的同一性问题，绝大多数哲学家对这个问题都作了肯定的回答。""但是，此外，还有其他一些哲学家否认认识世界的可能性，或者至少是否认彻底认识世界的可能性。在近代哲学家中，休谟和康德就属于这一类"[1]。这就是说，哲学基本问题的第二个方面是思维与存在是否具有同一性的问题，即思维能否认识世界的问题，这是认识论的问题，对这一问题的回答是区分可知论和不可知论的标准。主张思维能够认识世界的，就是可知论；否认思维能认识世界的，则为不可知论。

在恩格斯看来，绝大多数哲学家——列宁在《唯物主义和经验批判主义》一书中专门注释道，"他在这里所指的不仅是所有的唯物主义者，而且也包括最彻底的唯心主义者"[2]——都是可知论者，即承认思维与存在的同一性。当然，唯物主义者和唯心主义者的出发点和前提是不同的。就唯物主义的可知论而言，他们的前提是肯定客观世界是独立于人的思维之外的物质世界，思维是对客观物质世界的反映。他们承认主观能够认识客观存在，和客观存在具有同一性，否则，就没有人们的认识，这样，改造世界的实践就不会是盲目的。形而上学唯物主义仅仅把认识看成消极的反映论，不理解

---

1 [德]恩格斯:《路德维希·费尔巴哈和德国古典哲学的终结》，人民出版社 2014 年版，第 18—19 页、19 页。

2 《列宁选集》第 2 卷，人民出版社 2012 年版，第 74 页。

认识的能动作用，因此，他们所理解的思维与存在的同一性就是死板的、僵化的，他们不懂得认识的辩证法。庸俗的唯物主义则把思想简单地等同于物质，实际上就否认了认识。马克思主义哲学主张的是能动的反映论，不仅承认思维是存在的反映，而且强调思维对存在的反作用，也就是在承认物质第一性的同时突出思维的能动性，从而科学地解决了思维与存在的同一性问题，实现了思维与存在二者在实践基础上的辩证统一。就唯心主义的可知论而言，由于它们在世界本原上的立场不同，分为客观唯心主义和主观唯心主义。客观唯心主义者黑格尔认为，世界统一于绝对观念，恩格斯写道："在黑格尔那里，对这个问题的肯定回答是不言而喻的，因为我们在现实世界中所认识的，正是这个世界的思想内容，也就是那种使世界成为绝对观念的逐步实现的东西，这个绝对观念是从来就存在的，是不依赖于世界并且先于世界而在某处存在的；但是思维能够认识那一开始就已经是思想内容的内容，这是十分明显的。同样明显的是，在这里，要证明的东西已经默默地包含在前提里面了。"[1] 也就是说，按照黑格尔的观点，既然现实世界是绝对观念的体现，那么思维当然能够认识思想本身的产物即现实世界，并通过认识现实世界而认识绝对观念，从而实现了唯心主义基础上的思维与存在的统一。主观唯心主义者贝克莱和马赫等人则认为"物是观念的复合"，其结果是唯心主义等同论，主张思维与存在统一于思想观念。

关于不可知论，恩格斯指出，在近代哲学史上，休谟和康德属

---

[1] [德] 恩格斯：《路德维希·费尔巴哈和德国古典哲学的终结》，人民出版社2014年版，第19页。

于这类哲学家，尽管他们在哲学的发展上起过很重要的作用，但在认识论上都否认认识世界的可能性，或者至少是否认彻底认识世界的可能性。英国哲学家休谟是怀疑论和不可知论的典型代表，他认为，感觉是认识的唯一源泉，我们的一切观念都来自感觉，人类的认识不能超出感觉经验的范围，感觉之外不可知。他在《人类理智研究》一书中写道："所有的思想原料，如果不是来自我们的外部感觉，就是来自我们的内部感觉。心灵和意志只是将这些原料加以混合，加以组合而已。或者用哲学的语言来说，我们的一切观念或比较微弱的知觉，都是我们的印象或比较生动的知觉的摹本。"[1] 休谟还否认因果联系的客观性，认为必然联系这一观念只是心灵的习惯："我们心中所感觉到的这种联系，我们的想象从一个对象进到经常伴随的对象的这种习惯性的推移，就是

英国哲学家休谟画像　文化传播 / 供图

---

[1] 北京大学哲学系外国哲学史教研室编译：《西方哲学原著选读》上卷，商务印书馆1981年版，第519页。

德国哲学家康德画像　文化传播/供图↓

我们据以形成'能力'观念或'必然联系'观念的那种感觉或印象。事情就只是如此，没有什么别的了。"[1] 这也就意味着："一切从经验而来的推论都是习惯的结果，而不是运用理性的结果。因此，习惯是人生的伟大指南。"[2] 由此可见，休谟在人的感觉和外部世界之间设置了一道鸿沟，一方面，他只相信自己的感觉经验，不承认感觉之外的任何存在；另一方面，他仅仅用习惯来解释观念之间的关系，完全否认了人们认识外部世界的必要性，将一切诉诸习惯，也就否认了人们认识的科学性。

德国古典哲学家康德也是不可知论的代表，他坦承，正是休谟使他从"独断论的迷梦"中惊醒，开始对人类理性的认识能力进行批判性考察，"是对一般理性能力的批判，是就一切可以独立于任何经验而追求的知识来说的，因而是对一般形而上学的可能性和不可能性进行裁决，对它的根源、范围和界限加以

[1] 北京大学哲学系外国哲学史教研室编译：《西方哲学原著选读》上卷，商务印书馆1981年版，第530页。
[2] 同上书，第528页。

规定，但这一切都是出自原则"[1]。这一批判考察的直接结果就是将现象和物自体（又称"自在之物"）区分开来，人们只能认识现象，而无法认识物自体。现象是呈现在直观和经验中的东西，是我们认识的对象，是可知的；物自体作为现象得以产生的基础，是超感性、超经验的东西，无法成为我们的认识对象，是不可知的。康德写道："作为我们的感官对象而存在于我们之外的物是已有的，只是这些物本身可能是什么样子，我们一点也不知道，我们只知道它们的现象，也就是当它们作用于我们的感官时在我们之内所产生的表象。因此无论如何，我承认在我们之外有物体存在，也就是说，有这样的一些物存在，这些物本身可能是什么样子我们固然完全不知道，但是由于它们的影响作用于我们的感性而得到的表象使我们知道它们，我们把这些东西称之为'物体'，这个名称所指的虽然仅仅是我们所不知道的东西的现象，然而无论如何，它意味着实在的对象的存在。"[2]

尽管休谟和康德的不可知论之表现形式不尽相同，但其否认认识世界的可能性之理论实质是一致的。对此，唯心主义者黑格尔和唯物主义者费尔巴哈都从各自的哲学立场出发进行过批判。黑格尔立足思维与存在的同一性，指出康德的错误在于割裂了现象与本质的辩证统一，他将现象与自在之物割裂开来，使自在之物脱离了一切规定性，成为虚假空洞的抽象，成为"无"，这样也就谈不上什么认识了。黑格尔还指出康德脱离人的认识过程孤立地去考察认识

---

[1] [德]康德：《纯粹理性批判》，邓晓芒译，人民出版社2017年版，"第一版序"，第3页。
[2] 北京大学哲学系外国哲学史教研室编译：《西方哲学原著选读》下卷，商务印书馆1982年版，第270页。

能力，把先天知性范畴绝对化，从而抛弃了认识的辩证法。康德的"二律背反"将认识过程中产生的矛盾视为认识的有限性，是不懂得辩证法的表现。认识过程中产生的矛盾，恰恰反映了认识的本性，在不断地解决矛盾中辩证地运动。因此，黑格尔站在辩证法的高度，对不可知论的批判是深刻的。恩格斯写道，"对驳斥这一观点具有决定性的东西，凡是从唯心主义观点出发所能说的，黑格尔都已经说了"[1]。费尔巴哈则从唯物主义的立场出发，批判了康德的不可知论。费尔巴哈认为，康德错误地将思维和存在、现象和本质对立起来，由此得出了物自体不可知的结论，因此他陷入了割裂真理性与现实性相统一的立场。实际上，本质和现象、原因和结果、必然和偶然、思辨和经验、实体和属性之间的差别都是属于感性范围以内的，这就表明真理性和现实性是统一的。康德怀疑感觉的可靠性也是错误的，对此，费尔巴哈反驳道："认为感觉不证明和不包含任何客观的东西，这是多么庸俗！难道饿和渴的感觉是空洞的和无对象的？渴不就是水不足的感觉吗？"[2] 费尔巴哈对康德的批判的确比喻巧妙生动，语言明白易懂，不像黑格尔那样语言艰深晦涩。不过，费尔巴哈是形而上学的感觉论者，是直观的反映论者，不懂得辩证法，正如恩格斯所言："费尔巴哈所增加的唯物主义的东西，与其说是深刻的，不如说是机智的。"[3]

---

[1] [德] 恩格斯:《路德维希·费尔巴哈和德国古典哲学的终结》，人民出版社 2014 年版，第 19 页。
[2] 《费尔巴哈哲学著作选集》上卷，荣震华等译，生活·读书·新知三联书店 1959 年版，第 530 页。
[3] [德] 恩格斯:《路德维希·费尔巴哈和德国古典哲学的终结》，人民出版社 2014 年版，第 19 页。

无论是黑格尔还是费尔巴哈对不可知论的批判，都是不彻底的。恩格斯运用马克思主义的实践观，坚持能动的革命的反映论，深刻揭露了不可知论的荒谬之处，科学地论证了世界的可知性问题。恩格斯指出："对这些以及其他一切哲学上的怪论的最令人信服的驳斥是实践，即实验和工业。既然我们自己能够制造出某一自然过程，按照它的条件把它生产出来，并使它为我们的目的服务，从而证明我们对这一过程的理解是正确的，那么康德的不可捉摸的'自在之物'就完结了。"[1] 恩格斯还列举了化学、天文学中的一些重大科学发现和实验来驳斥不可知论，从而证明人们的认识是不断向前发展的，世界上只有尚未被认识之物，而没有不可认识之物。恩格斯强调指出："在从笛卡儿到黑格尔和从霍布斯到费尔巴哈这一长时期内，推动哲学家前进的，决不像他们所想象的那样，只是纯粹思想的力量。恰恰相反，真正推动他们前进的，主要是自然科学和工业的强大而日益迅猛的进步。"[2] 这就意味着，归根到底，实践是认识的来源，实践也是认识发展的动力。在这里，恩格斯把实践的观点引入认识论，不仅彻底批判了唯心主义和不可知论，而且克服了旧唯物主义认识论的局限，这是马克思主义哲学在认识论上实现的伟大变革。

此外，恩格斯还特别基于实践的观点以及当时自然科学的进展，揭露并批判了新康德主义者企图在德国复活康德的观点、不可知论者企图在英国复活休谟的观点等错误行径，恩格斯这里指的是

---

[1] [德]恩格斯：《路德维希·费尔巴哈和德国古典哲学的终结》，人民出版社 2014 年版，第 19 页。
[2] 同上书，第 20 页。

德国的赫尔姆霍茨和英国的赫胥黎,"鉴于这两种观点在理论上和实践上早已被驳倒,这种企图在科学上就是开倒车,而在实践上只是一种暗中接受唯物主义而当众又加以拒绝的羞羞答答的做法"[1]。

应该指出,恩格斯提出的哲学基本问题,在马克思主义哲学史上具有重要的理论意义和方法论意义。其一,就理论意义而言,哲学基本问题揭示了贯穿整个哲学发展史的两条基本路线的实质,哲学史上的诸多争论不论采取何种具体形式,始终无法绕开哲学基本问题的内容。任何哲学派别和思潮无论打着什么旗号,只要运用哲学基本问题这一尺度去衡量,便能透视其实质,掌握其根本。其二,就方法论意义而言,哲学基本问题给人们指明了在认识世界和改造世界的活动中,依据何种世界观和方法论去认识和实践才是正确的。按照唯物主义原则去行动,就是一切从实际出发,就能正确认识客观世界的规律,从而作出正确的决策,取得预期的效果。相反,如果按照唯心主义原则去实践,就是从主观出发,不仅会阻碍人们得出正确的认识,而且在实践上也是有害的。因此,恩格斯提出这个问题,也为人们提供了世界观和方法论的指导。

(二)费尔巴哈唯物主义的"基本内核"

根据对哲学基本问题第一个方面的回答,恩格斯制定了划分唯物主义和唯心主义的标准,正是依据这一标准,恩格斯明确指出了费尔巴哈哲学的唯物主义性质。

---

[1] [德]恩格斯:《路德维希·费尔巴哈和德国古典哲学的终结》,人民出版社2014年版,第20页。

知识链接

"基本内核"

"基本内核"指的是费尔巴哈哲学中的唯物主义基本观点。"基本内核"是相对于黑格尔辩证法的"合理内核"而言的，马克思和恩格斯正是在批判继承黑格尔辩证法的"合理内核"和费尔巴哈唯物主义的"基本内核"的基础上创立了马克思主义哲学。费尔巴哈唯物主义的基本内核是在批判黑格尔唯心主义的过程中提出的，是其人本学的基础。主要观点包括：其一，肯定自然界、存在的第一性。自然界是独立的客观存在，人是自然界的一部分，意识是人脑的属性和产物。其二，肯定思维和存在具有同一性，思维是存在的反映，存在是思维的根据和内容。人的思维能够感知存在。其三，主张无神论，力求从人的生活条件及其对人的心理作用以及人本身来寻求宗教的根源和本质。

恩格斯在批判了施达克对费尔巴哈哲学发展进程的混乱表述之后，写道："费尔巴哈的发展进程是一个黑格尔主义者（诚然，他从来不是完全正统的黑格尔主义者）走向唯物主义的发展进程，这一发展使他在一定阶段上同自己的这位先驱者的唯心主义体系完全决裂了。"[1] 用费尔巴哈自己的话说:"我的第一个思想是上帝,第二个是理性,第三个也是最后一个是人。"[2] 这三个关键词分别表征着费尔巴哈哲学发展历程的三个阶段:宗教神学阶段、黑格尔哲学阶段、人本主义哲学阶段。费尔巴哈早在海德堡大学攻读神学时,就对提倡迷信盲从的非理性主义的神秘的宗教神学感到不满,流露出由神学转向哲学的愿望,直到在柏林听过黑格尔的哲学讲演之后,他说:"我现在听了黑格尔的几次讲演后,都已能了解得很透彻,并且也看得出这道理的必要性;本来在我身上仅仅像火绒一般微微燃烧着的东西,现在却觉得很快就要燃起熊熊的火焰。"[3] 此时的费尔巴哈完全被黑格尔哲学所吸引,从"上帝"转向"理性"。但是,不久之后,费尔巴哈便对黑格尔哲学主张的绝对观念外化为自然产生了怀疑,他反思道:"思维对存在的关系怎么样?是不是如同逻辑对自然的关系呢?凭什么理由可以从逻辑的范围转到自然的范围呢?"[4] 接着,费尔巴哈指出,逻辑之转化为自然,"不是以逻辑的方式,而是以非逻辑的方式推演出来的:也就是逻辑之所以转变为自然,只是因为能思维的人在逻辑之外还遇上了一个与他直接接触的存在,一个自然界,并且由于他直接的亦即自然的观点又不得不承认它。假如没有自然,逻辑这个童贞的处女永不能生出它来"[5]。正是在批判黑格尔哲学的基础上,费尔巴哈又从"理性"转向了

---

[1] [德]恩格斯:《路德维希·费尔巴哈和德国古典哲学的终结》,人民出版社2014年版,第21页。
[2] 《费尔巴哈哲学著作选集》上卷,荣震华等译,生活·读书·新知三联书店1959年版,第247页。
[3] 同上书,第222页。
[4] 同上书,第224页。
[5] 同上书,第224—225页。

"人"，即从绝对的唯心主义转向纯粹的唯物主义。

于是，恩格斯将费尔巴哈哲学的唯物主义观点概括如下：其一，在费尔巴哈看来，"黑格尔的'绝对观念'之先于世界的存在，在世界之前就有的'逻辑范畴的预先存在'，不外是对世界之外的造物主的信仰的虚幻残余"；其二，"我们自己所属的物质的、可以感知的世界，是唯一现实的"；其三，"我们的意识和思维，不论它看起来是多么超感觉的，总是物质的、肉体的器官即人脑的产物"[1]。概而言之，"物质不是精神的产物，而精神本身只是物质的最高产物。这自然是纯粹的唯物主义"[2]。这就是费尔巴哈唯物主义的"基本内核"。

但是，恩格斯指出，由于费尔巴哈不懂得社会实践和自然科学的进步对哲学发展的推动作用，不懂得"像唯心主义一样，唯物主义也经历了一系列的发展阶段。甚至随着自然科学领域中每一个划时代的发现，唯物主义也必然要改变自己的形式"[3]。因此，他错误地将唯物主义的一般世界观与这一世界观在特定的历史阶段即18世纪所表现的特殊形式混为一谈，将唯物主义与毕希纳、福格特和摩莱肖特的庸俗唯物主义形式混为一谈，他甚至拒绝使用唯物主义这个名词，而是称自己的哲学为"人本学"。

---

[1] [德]恩格斯：《路德维希·费尔巴哈和德国古典哲学的终结》，人民出版社2014年版，第21页。
[2] 同上。
[3] 同上书，第22页。

(三) 旧唯物主义的缺陷及其历史根源

接下来,恩格斯分析了18世纪唯物主义的缺陷,即机械性、形而上学性和唯心史观,这也是费尔巴哈唯物主义的局限所在。

第一,机械性,即运用力学的思维方式来理解全部自然现象。恩格斯指出,由于在当时所有的自然科学中,只有力学,而且只有固体力学,达到了某种完善的地步,化学处于幼稚的燃素说的形态之中,生物学尚在襁褓之中,因此,人们习惯于"仅仅运用力学的尺度来衡量化学性质的和有机性质的过程"[1],也就是以机械运动的规律来解释其他高级运动形式。例如,笛卡尔在17世纪提出"动物是机器",18世纪法国唯物主义者拉美特利则主张"人是机器",这就表现出机械性的特点。机械论者不懂得化学、生物等高级运动形式虽然

法国哲学家笛卡尔画像
文化传播 / 供图

[1] [德] 恩格斯:《路德维希·费尔巴哈和德国古典哲学的终结》,人民出版社2014年版,第22页。

> **知识链接**
>
> **18 世纪法国唯物主义**
>
> 18 世纪法国唯物主义是指法国大革命前夕在启蒙运动中产生和发展起来的一种哲学理论，是唯物主义发展史上的第二阶段即机械的、形而上学的唯物主义的典型样态，主要代表人物有拉美特利、孔狄亚克、爱尔维修、狄德罗、霍尔巴赫等。

包括机械运动，但不能归结为机械运动，机械运动的规律虽然也在化学、生物运动中发挥作用，但已经被其他较高的定律排挤到次要地位。这是法国古典唯物主义的一个特有的，但是在当时不可避免的局限性。

第二，形而上学性，即运用孤立、静止、片面的观点看待世界，而不能把世界理解为一个普遍联系、永恒发展的历史过程。恩格斯强调："这是同当时的自然科学状况以及与此相联系的形而上学的即反辩证法的哲学思维方法相适应的。"[1] 也就是说，当时的自然科学还处于搜集材料的阶段，人们还无法对自然界的普遍联系作历史的考察。因此，对自然界的非历史的观点是不可避免的。例如，康德的

---

[1] [德]恩格斯：《路德维希·费尔巴哈和德国古典哲学的终结》，人民出版社 2014 年版，第 22 页。

太阳系起源理论刚刚提出，而且还只是被看作纯粹的奇谈，甚至连黑格尔也未能看到自然界的历史发展。在他看来，自然界只是绝对观念的外化，这实际上意味着自然界是神创造的，而被创造出来的自然界依然只能维持原样，它不能在时间上发展，只能在空间上扩展自己的多样性。"因此，它把自己所包含的一切发展阶段同时地、并列地展示出来，并且注定永远重复始终是同一的过程。"[1]

第三，唯心史观，即把历史视为毫无联系的偶然事件的堆积，否认历史发展的客观规律性。恩格斯认为，对于18世纪的唯物主义而言，非历史的观点，不仅表现在自然领域，同样表现在历史领域。由于反对中世纪残余的斗争限制了人们的视野，中世纪仅仅被视作"千年普遍野蛮状态造成的历史的简单中断"，没有任何进步意义可言。针对这一错误观点，恩格斯指出了人们没有看到的中世纪的巨大进步：由于斯拉夫民族入侵东罗马帝国，日耳曼人征服西罗马帝国，使欧洲的文化领域从地中海扩大到整个欧洲；形成了英吉利、法兰西、德意志和波兰等富有生命力的大民族；在14世纪和15世纪又有自动纺车的出现、采矿冶金技术的改进和军事枪炮的发明等巨大的技术进步，这些都是近代欧洲文明发展的巨大成就。如果看不到这一点，"对伟大历史联系的合理看法就不可能产生，而历史至多不过是一部供哲学家使用的例证和图解的汇集罢了"[2]。

18世纪唯物主义之所以具有上述缺陷是因为受到社会历史条件的制约，恩格斯认为，费尔巴哈并未真正超越旧唯物主义的局限性，原因有二。其一，在自然观上，由于德国当局的排斥，费尔巴

---

[1] [德]恩格斯：《路德维希·费尔巴哈和德国古典哲学的终结》，人民出版社2014年版，第23页。

[2] 同上。

哈"在穷乡僻壤中过着农民式的孤陋寡闻的生活",无法对当时自然科学的最新发展予以充分关注和运用,不能形成辩证的自然观。我们知道,费尔巴哈在1830年匿名出版了《论死与不死》一书,这部著作反对基督教人格不朽的教条,与正统的基督教教义背道而驰,人们很快就知道了谁是这部在当时可算是大胆的著作的作者,不仅这部著作马上被没收,而且还开始了对作者的迫害。《论死与不死》一书使费尔巴哈被大学辞退,结束了他在官方的学院讲授哲学的生涯,从此费尔巴哈开始了长期的乡村独居生活。费尔巴哈长期的独居生活是他落后于当代科学水平的原因之一。这一点,费尔巴哈本人也曾承认过:"人们说我没有写出很多应该写的东西,这是无可怀疑的。但是为了写出那些应该写的东西,就得有很多应该有的东西。我却没有这个。"[1]

其二,在历史观上,费尔巴哈远离社会现实,脱离社会实践和现实阶级斗争,致使其在思考社会历史问题时仍然受到唯心主义的束缚,无法形成唯物主义的历史观。费尔巴哈说,纯粹自然科学的唯物主义虽然"是人类知识的大厦的基础,但不是大厦本身"。恩格斯指出,这是正确的,因为自然科学的唯物主义只是建立社会科学的唯物主义的基础,它本身还不是社会科学的唯物主义,还不是历史唯物主义。人们不仅生活在自然界中,而且生活在人类社会中,因此,"问题在于使关于社会的科学,即所谓历史科学和哲学科学的总和,同唯物主义的基础协调起来,并在这个基础上加以改造"[2]。

---

[1] 《费尔巴哈哲学著作选集》上卷,荣震华等译,生活·读书·新知三联书店1959年版,第8页。

[2] [德]恩格斯:《路德维希·费尔巴哈和德国古典哲学的终结》,人民出版社2014年版,第24页。

但正如费尔巴哈自己所言,"向后退时,我同唯物主义者是一致的;但是往前进时就不一致了"[1]。就是说,费尔巴哈在自然观上是唯物主义的,但在历史观领域仍然受到唯心主义的束缚。关于费尔巴哈在社会历史领域的唯心主义观点,恩格斯在第三章进行了集中的分析和批判。

(四)施达克在哲学基本问题上的混乱

如前所述,在恩格斯看来,思维与存在何者第一性的问题,是区分唯物主义与唯心主义的唯一标准。施达克错误地认为,相信人类的进步、追求理想的目的、承认理想的力量就是唯心主义,贪图享乐、追求物质利益就是唯物主义,据此指认费尔巴哈是个唯心主义者。恩格斯指出:"施达克在找费尔巴哈的唯心主义时找错了地方。"[2] 接下来,恩格斯从三个方面批判了施达克的错误。

第一,施达克把对理想目的的追求叫作唯心主义,这不符合哲学史的事实。施达克的这一标准貌似与康德的唯心主义及其"绝对命令"有必然联系,但是,恩格斯指出,"康德自己把他的哲学叫做'先验的唯心主义',决不是因为那里也讲到道德的理想"[3],而是因为,在康德看来,时间、空间等感性直观形式和因果性、必然性等知性范畴是人的"先天的"认识能力,是先于经验的。再者,黑格尔尖锐地批判过康德的"绝对命令",但这并没有妨碍他是一个

---

[1] [德]恩格斯:《路德维希·费尔巴哈和德国古典哲学的终结》,人民出版社 2014 年版,第 25 页。

[2] 同上。

[3] 同上。

十足的唯心主义者。康德的"绝对命令"是人生而具有的、普遍的、永恒的、至高无上的道德原则，这种道德原则要求人们只要有一个纯正的动机和理想，而无须考虑行为的现实效果。黑格尔反对康德这种把动机和效果、理想和现实割裂开来的形而上学方法，认为康德的"绝对命令"是软弱无力的，是无法实现的。在黑格尔看来，动机和效果、理想和现实是辩证统一的，理想是绝对观念本身的积极原则，在现实中体现的理想就是绝对观念。由此可见，黑格尔虽然批判了康德的"绝对命令"，但他本人仍然是一个唯心主义者。

第二，施达克把是否追求"理想的意图"并承认"理想的力量"作为划分唯物主义和唯心主义的标准不符合逻辑，违背常识。从人类活动的特点来看，人与动物的根本区别在于人的活动是受一定思想支配的，总是有意识、有目的、有理想的。正如马克思指出的："蜘蛛的活动与织工的活动相似，蜜蜂建筑蜂房的本领使人间的许多建筑师感到惭愧。但是，最蹩脚的建筑师从一开始就比最灵巧的蜜蜂高明的地方，是他在用蜂蜡建筑蜂房以前，已经在自己的头脑中把它建成了。劳动过程结束时得到的结果，在这个过程开始时就已经在劳动者的表象中存在着，即已经观念地存在着。他不仅使自然物发生形式变化，同时他还在自然物中实现自己的目的，这个目的是他所知道的，是作为规律决定着他的活动的方式和方法的，他必须使他的意志服从这个目的。"[1]恩格斯也反驳道，如果按照施达克的观点，只要一个人追求"理想的意图"并承认"理想的力量"，就成为唯心主义者的话，那么，"任何一个发育稍稍正常的

---

[1]《马克思恩格斯选集》第2卷，人民出版社2012年版，第169—170页。

人都是天生的唯心主义者了，怎么还会有唯物主义者呢？"[1]

第三，施达克把是否相信人类进步作为划分唯物主义和唯心主义的标准，不符合历史事实。恩格斯指出，狄德罗同伏尔泰、卢梭一样，都是法国启蒙运动中的激进的资产阶级思想家，都相信人类的进步，都是为反对反动的封建制度而英勇献身的战士。但他们都是唯物主义者，于是，恩格斯写道："由此可见，施达克把这一切说成是唯心主义，这只是证明：唯物主义这个名词以及两个派别的全部对立，在这里对他来说已经失去了任何意义。"[2]

恩格斯最后指出，施达克之所以混淆了唯物主义与唯心主义，是因为他对德国的"庸人偏见作了不可饶恕的让步"[3]。所谓"庸人的偏见"是指，把唯物主义理解为贪吃、酗酒、娱目、肉欲、虚荣、爱财、吝啬、贪婪、牟利、投机等一切龌龊的行为，把唯心主义理解为对美德、普遍的人类爱的信仰，对"美好世界"的信仰。

四、费尔巴哈唯心主义历史观的表现及其根源

第三章主要考察费尔巴哈唯心主义历史观的表现及其根源。在这一部分，恩格斯主要讲了三个问题：其一，揭开"爱的宗教"的神秘面纱，批判费尔巴哈宗教哲学的唯心主义实质；其二，洞穿抽象道德准则的贫乏本质，批判费尔巴哈伦理学的唯心主义实质；其

---

[1] [德]恩格斯:《路德维希·费尔巴哈和德国古典哲学的终结》，人民出版社2014年版，第26页。
[2] 同上。
[3] 同上书，第27页。

三，指出费尔巴哈堕入抽象王国的深渊无法自拔，揭示其唯心主义历史观的根源。

（一）揭开"爱的宗教"的神秘面纱

恩格斯在第三章一开头就指出："我们一接触到费尔巴哈的宗教哲学和伦理学，他的真正的唯心主义就显露出来了。"[1] 在这一章中，恩格斯分别对费尔巴哈在宗教哲学和伦理学上的唯心主义观点展开了集中的批判。费尔巴哈的宗教哲学集中体现在恩格斯引证的下面一段话中："人类的各个时期仅仅由于宗教的变迁而彼此区别开来。某一历史运动，只有在它深入人心的时候，才是根深蒂固的。心不是宗教的形式，因而不应当说宗教也存在于心中；心是宗教的本质。"[2] 由此可以归纳出两点：其一，心是宗教的本质，宗教是人与人之间的感情关系、心灵关系；其二，人类历史就是宗教变迁的历史。费尔巴哈曾严厉地批判过基督教，指出上帝不过是人的本质的异化，但是并不主张废除宗教，而是希望将宗教完善化，企图建立一种没有神的新宗教。接下来，我们看一下恩格斯是如何对这两个论断展开批判的。

第一个问题，关于"心是宗教的本质"。在费尔巴哈那里，"爱和心是一回事；心并不是什么特殊的能力——心就是正在爱着的人"[3]。

---

1 [德]恩格斯：《路德维希·费尔巴哈和德国古典哲学的终结》，人民出版社2014年版，第28页。
2 同上。
3 《费尔巴哈哲学著作选集》下卷，荣震华等译，生活·读书·新知三联书店1984年版，第97页。

因此，所谓的"心是宗教的本质"，即是说，爱是宗教的本质，宗教就是人与人之间的感性关系。对此，恩格斯明确指出："归根到底，在费尔巴哈那里，性爱即使不是他的新宗教借以实现的最高形式，也是最高形式之一。人与人之间的，特别是两性之间的感情关系，是自从有人类以来就存在的。"[1]

首先，对于费尔巴哈这种将宗教同人与人之间的感情混为一谈的做法，恩格斯指出，人与人的情感关系是自人类产生起就永恒存在的，而宗教则是人类社会发展到一定历史阶段才产生、并随着历史的发展而最终消亡，费尔巴哈将二者混为一谈，表明他既不理解真实的人与人之间的情感关系，也不理解宗教的起源和本质。恩格斯还强调，性爱在社会生活中的地位并不是一成不变的，只是从11世纪城市文学和骑士文学产生以后，才"在最近800年间获得了这样的发展和地位"，而且"宗教也许明天就会完全消失，但是爱情和友谊的实践并不会发生丝毫变化"[2]。这就意味着，宗教决不是永恒的，宗教与人的感情不能等同。

其次，恩格斯进一步指出："费尔巴哈的唯心主义就在于：他不是抛开对某种在他看来也已成为过去的特殊宗教的回忆，直截了当地按照本来面貌看待人们彼此间以相互倾慕为基础的关系，即性爱、友谊、同情、舍己精神等等，而是断言这些关系只有在用宗教名义使之神圣化以后才会获得自己的完整的意义。"[3] 这就是说，费尔巴哈不是按照本来面貌去解释感情关系，不是运用历史唯物主义

---

[1] [德]恩格斯：《路德维希·费尔巴哈和德国古典哲学的终结》，人民出版社2014年版，第28页。
[2] 同上书，第28—29页。
[3] 同上书，第29页。

的观点从社会经济基础去解释人与人之间的感情关系，而是将其神圣化为宗教。这样一来，不仅割断了人的思想感情同物质的经济关系之间的联系，而且掩盖了宗教产生的社会经济根源及其阶级实质。

再次，针对费尔巴哈玩弄词源学的把戏为自己辩护，借口"宗教"一词来源于拉丁文 religare，其原意是联系的意思，便牵强附会地硬把两个人之间的任何联系都说成是宗教，恩格斯尖锐地指出："这种词源学上的把戏是唯心主义哲学的最后一着。这个词的意义，不是按照它的实际使用的历史发展来决定，而竟然按照来源来决定。"[1] 从方法论上看，这是典型的唯心主义方法。

最后，恩格斯指出："费尔巴哈想以一种本质上是唯物主义的自然观为基础建立真正的宗教，这就等于把现代化学当做真正的炼金术。"[2] 这是荒谬的。因为唯物主义就其本质来说是无神论，是和宗教相对立的，现代化学作为一门科学，也是和炼金术等迷信活动相对立的。宗教之为宗教，是因为对神的信仰，炼金术的关键在于点石成金的"哲人之石"。如果无神的宗教可以存在，那么没有哲人之石的炼金术也可以存在了。然而，这一切都是不可能的。

第二个问题，关于"人类历史就是宗教变迁的历史"。首先，恩格斯指出，费尔巴哈以宗教的变迁来区分人类的历史时期，不符合客观的历史事实，是完全错误的。恩格斯写道："重大的历史转折点有宗教变迁相伴随，只是就迄今存在的三种世界宗教——

---

[1] [德]恩格斯：《路德维希·费尔巴哈和德国古典哲学的终结》，人民出版社2014年版，第29页。
[2] 同上。

佛教、基督教和伊斯兰教而言。"[1] 除此之外，宗教变迁与历史转折没有必然联系，例如，原始的自发产生的部落宗教和民族宗教就仅仅是出于对自然力的崇拜而将其人格化，这些宗教并不对外传播，只存在于本部落和民族的狭隘范围之内，而一旦部落或民族的独立遭到失败，它们也就随之消失，更谈不上什么变迁了。因此，不能将人类历史归结为宗教变迁史。

其次，恩格斯通过分析资产阶级革命最初阶段具有的宗教色彩及其背后的社会历史

恩格斯对费尔巴哈在宗教哲学和伦理学上的唯心主义观点进行了有力批判。图为马克思、恩格斯雕像　中新图片/王冈↑

1　[德]恩格斯:《路德维希·费尔巴哈和德国古典哲学的终结》，人民出版社2014年版，第30页。

原因，批判费尔巴哈夸大了宗教的作用。在恩格斯看来，"具有真正普遍意义的革命也只有在资产阶级解放斗争的最初阶段即从 13 世纪到 17 世纪，才带有这种宗教色彩；而且，这种色彩不能像费尔巴哈所想的那样，用人的心灵和人的宗教需要来解释，而要用以往的整个中世纪的历史来解释"[1]。这是因为当时宗教和神学在西欧国家还占据统治地位，资产阶级为了反对封建制度，就不得不利用宗教的形式，使资产阶级革命运动披上宗教的外衣。这就意味着，宗教之所以能对历史进程产生一定的影响，完全是由于它们适应了一定阶级的政治需要，是由当时的社会经济状况和历史条件决定的。而到了 18 世纪，随着资产阶级力量进一步壮大并建立自己的思想体系时，他们在法国大革命中就完全抛开宗教的装饰，直接诉诸政治自由和法律平等的口号来动员群众、组织革命力量，"他们没有想到要用某种新的宗教来代替旧的宗教"[2]。这一事实就充分表明，不是宗教的变迁决定社会历史的发展，而是社会历史的发展决定宗教的变迁。

再次，恩格斯还批判了费尔巴哈宗教哲学的超阶级立场及其对社会现实的抽象理解。恩格斯指出，今天的我们已经生活于"以阶级对立和阶级统治为基础的社会"，费尔巴哈所主张的那种"同他人交往时表现纯粹人类感情的可能性"已经被消磨殆尽。这就要求我们必须运用马克思主义的阶级分析方法来理解和透视一切社会历史。然而，当时德国的历史编纂学却故意歪曲历史，把阶级"斗争

---

[1] [德] 恩格斯:《路德维希·费尔巴哈和德国古典哲学的终结》，人民出版社 2014 年版，第 30 页。
[2] 同上。

的历史变为教会史的单纯附属品",这样一来,对历史上的重大的阶级斗争的理解成为完全不可能。"由此可见,现在我们已经离开费尔巴哈多么远了。他那赞美新的爱的宗教的'最美丽的篇章'现在已经不值一读了。"[1]

最后,恩格斯还特别指出,尽管费尔巴哈极力地批判宗教,号召人们将注意力从神秘的天国转向感性的人间世界,但他所理解的人不是现实的具体的人,而是抽象的孤立的人。于是,恩格斯写道:"费尔巴哈在每一页上都宣扬感性,宣扬专心研究具体的东西、研究现实,可是这同一个费尔巴哈,一谈到人们之间纯粹的性关系以外的某种关系,就变成完全抽象的了。"[2]

(二)洞穿抽象道德准则的贫乏本质

首先,恩格斯通过对比费尔巴哈和黑格尔的伦理学,批判费尔巴哈的伦理学是贫乏的、肤浅的和抽象的。恩格斯指出,费尔巴哈对人与人之间的关系,除了两性关系之外就只看到了道德关系,而忽视了更为重要更为根本更为复杂的政治和经济关系。因此,"同黑格尔比较起来,费尔巴哈的惊人的贫乏又使我们诧异"[3]。黑格尔的伦理学或关于伦理的学说就是法哲学,讲的是绝对观念在经过个人意识达到自由精神的历程以后,自由精神转化为客观世界,即人类社会及其法律的、道德的、政治的各种规章和制度,也就是客观

---

[1] [德]恩格斯:《路德维希·费尔巴哈和德国古典哲学的终结》,人民出版社2014年版,第31页。
[2] 同上。
[3] 同上。

精神阶段，具体包括抽象的法、道德和伦理，其中伦理阶段又包括家庭、市民社会和国家。由此可见，黑格尔的伦理学从绝对观念出发，将法、经济、政治的全部领域连同道德都包括进去了。"在这里，形式是唯心主义的，内容是实在论的。"[1]但是，对费尔巴哈而言恰恰相反，虽然就形式讲，他是实在论的，"他把人作为出发点；但是，关于这个人生活的世界却根本没有讲到，因而这个人始终是在宗教哲学中出现的那种抽象的人"[2]。也就是说，费尔巴哈所讲的人，不是从娘胎里生出来的，而是从一神教的神羽化而来的，所以这种人也不是生活在现实的、历史地发生和历史地确定了的世界里面。

恩格斯还特别强调："在善恶对立的研究上，他（指费尔巴哈，引者注）同黑格尔比起来也是肤浅的。"[3]在黑格尔看来，恶是历史发展的动力的表现形式。这就是说，一方面，恶是对传统的、腐朽的、习惯的、陈旧的善的观念和秩序的否定，是对神圣事物的亵渎，而历史的进步正是通过颠覆旧传统、旧制度、旧秩序、旧习惯，而代之以新制度、新秩序、新习惯来实现的。这就意味着，推动历史发展进步的革命力量，是通过恶的形式表现出来的。另一方面，"自从阶级对立产生以来，正是人的恶劣的情欲——贪欲和权势欲成了历史发展的杠杆"[4]，这一点可以从封建制度和资产阶级的历史中得到证明。例如，资本主义的原始积累的过程，就是对农

---

[1] [德]恩格斯:《路德维希·费尔巴哈和德国古典哲学的终结》，人民出版社 2014 年版，第 31 页。
[2] 同上。
[3] 同上书，第 32 页。
[4] 同上。

西班牙殖民者迫害印第安人的绘画　巴托洛楠·德·拉斯·卡萨斯绘　文化传播 / 供图

民和殖民地的残酷掠夺和剥削的过程，正是在这一段用血和火的文字写就的过程中，历史从封建社会发展到资本主义社会。黑格尔这种对恶的历史作用的看法，与费尔巴哈的抽象的爱的说教相比，无疑要深刻和接近实际得多。于是，恩格斯写道："费尔巴哈就没有想到要研究道德上的恶所起的历史作用。历史对他来说是一个不愉快的可怕的领域。"[1]

---

[1] [德] 恩格斯：《路德维希·费尔巴哈和德国古典哲学的终结》，人民出版社 2014 年版，第 32 页。

其次，恩格斯批判了费尔巴哈道德观的基础和原则。在费尔巴哈看来，"追求幸福的欲望是人生来就有的，因而应当是一切道德的基础"[1]。但是，追求幸福的欲望不能是无限制的，而必须受到自然和社会两方面的制约，于是，费尔巴哈又提出："追求幸福的欲望受到双重的矫正。第一，受到我们的行为的自然后果的矫正：酒醉之后，必定头痛；放荡成习，必生疾病。第二，受到我们的行为的社会后果的矫正：要是我们不尊重他人同样的追求幸福的欲望，那么他们就会反抗，妨碍我们自己追求幸福的欲望。"[2] 正是从上述"双重矫正"出发，费尔巴哈引出了自己的道德准则："对己以合理的自我节制，对人以爱。"恩格斯指出，费尔巴哈的道德准则不过是一些贫乏和空洞的说教，在实际生活中根本不可能实现。因为任何一个人要满足自己追求幸福的欲望，就需要和外部世界交往，需要种种物质条件。然而，在各种剥削制度下，广大劳动人民从来没有起码的物质条件来实现他们追求幸福的欲望。因此，费尔巴哈把追求幸福的欲望当作道德的基础，并且还要对这种欲望加以合理的节制，对于广大劳动人民来说是一文不值的。恩格斯还特别强调，自从阶级社会以来，人与人之间根本不可能有平等的追求幸福的权利。在古代的奴隶和奴隶主之间，在中世纪的农奴和领主之间，连口头上的平等都没有，更不用说事实上的平等权利了。在资本主义社会里，虽然平等权利在法律上被承认了，但社会的物质、精神生活条件被完全控制在资产阶级手里，无产阶级和劳苦大众连勉强维

---

[1] [德]恩格斯：《路德维希·费尔巴哈和德国古典哲学的终结》，人民出版社2014年版，第33页。

[2] 同上。

持物质生存都困难重重，更无法奢望什么精神上的享受，在他们那里，根本谈不上什么追求幸福的平等权利。因为"追求幸福的欲望只有极微小的一部分可以靠观念上的权利来满足，绝大部分却要靠物质的手段来实现"[1]，所以，费尔巴哈离开具体的历史条件谈论幸福，是抽象的、空洞的、无用的。

再次，恩格斯批判了费尔巴哈道德观的阶级实质和反动性。恩格斯指出，根据费尔巴哈的道德论，资本主义的证券交易所成了最高的道德殿堂。因为在证券交易所里，每个资本家都可以按照自己的意志进行投机、赌博，来满足自己追求幸福的欲望，在这里谁也不妨碍谁。如果因为投机赚了钱、赌赢了，满足了自己追求幸福的欲望，那就证明他的行为是合乎道德的，因为他正确地预见到了自己行为的后果。反之，如果赔了本、赌输了，也不能埋怨旁人，只能证明他的行为是不道德的，因为他盘算错了。恩格斯还进一步揭露说，按照费尔巴哈的观点，在交易所中，爱统治一切。但这里的爱已经不是一个纯粹温情的字眼，因为那些赚钱的投机者的新幸福正是建立在另一些赔钱的投机者的不幸的基础之上，这就是资产阶级的损人利己和尔虞我诈。因此，不管费尔巴哈的主观愿望如何，他的道德观"是完全适合于现代资本主义社会的"[2]，是为资产阶级服务的意识形态。

费尔巴哈的伦理学以抽象的人性论为基础，宣扬适用于一切人的"爱"。"这样一来，他的哲学中的最后一点革命性也消失了，留

---

[1] [德]恩格斯：《路德维希·费尔巴哈和德国古典哲学的终结》，人民出版社2014年版，第34页。
[2] 同上书，第35页。

下的只是一个老调子：彼此相爱吧！不分性别、不分等级地互相拥抱吧！——大家都陶醉在和解中了！"[1]在这里，恩格斯指出，费尔巴哈的伦理学与其宗教哲学一样，实际上起着缓和阶级矛盾、掩饰资本主义剥削实质、麻痹人民革命斗志的反动作用。

最后，恩格斯在揭露和批判费尔巴哈伦理学的同时，阐述了马克思主义关于道德的一些基本观点。一是道德具有历史性。一切道德原则都是具体的、历史的，是随着社会历史发展而不断变化的。如果某种道德声称"是为一切时代、一切民族、一切情况而设计出来的；正因为如此，它在任何时候和任何地方都是不适用的，而在现实世界面前，是和康德的绝对命令一样软弱无力的"[2]。二是道德具有阶级性。在阶级社会中，"实际上，每一个阶级，甚至每一个行业，都各有各的道德"[3]。关于这一点，恩格斯后来在《反杜林论》中指出，"一切以往的道德论归根到底都是当时的社会经济状况的产物。而社会直到现在是在阶级对立中运动的，所以道德始终是阶级的道德"[4]。不存在所谓超阶级的纯粹的道德。三是泛爱的道德在阶级社会中只能导致有害的结果。那种鼓吹"把一切人都联合起来的爱"的道德，在社会现实中恰恰表现为它的反面，"表现在战争、争吵、诉讼、家庭纠纷、离婚以及一些人对另一些人的尽可能的剥削中"[5]。

---

[1] [德]恩格斯：《路德维希·费尔巴哈和德国古典哲学的终结》，人民出版社2014年版，第35页。

[2] 同上。

[3] 同上。

[4] 《马克思恩格斯选集》第3卷，人民出版社2012年版，第471页。

[5] [德]恩格斯：《路德维希·费尔巴哈和德国古典哲学的终结》，人民出版社2014年版，第35—36页。

（三）堕入抽象王国的深渊无法自拔

如前所述，费尔巴哈尖锐批判了宗教神学和唯心主义，"直截了当地使唯物主义重新登上王座"，在哲学发展史上作出了巨大的贡献。然而，费尔巴哈的唯物主义是不彻底的，在自然观上是唯物主义的，但在历史观上，特别是对于宗教哲学和伦理学的探讨，却陷入了唯心主义。恩格斯接下来分析了费尔巴哈堕入抽象王国的深渊无法自拔的根源。

第一，就认识论根源来说，恩格斯指出，"费尔巴哈不能找到从他自己所极端憎恶的抽象王国通向活生生的现实世界的道路"[1]，他所研究的不是现实的自然界和现实的人，而是与人无关的自然界和抽象的孤立的原子式的生物学意义上的人。费尔巴哈不了解人的社会性本质，没有把人"作为在历史中行动的人去考察"。关于这一点，马克思在《关于费尔巴哈的提纲》第六条写道："人的本质不是单个人所固有的抽象物，在其现实性上，它是一切社会关系的总和。"[2]

第二，就社会根源来说，由于德国当时反动当局的迫害，费尔巴哈被迫远离了现实世界、退入了孤寂的生活，因而也就脱离了革命实践。由于长期脱离革命实践，费尔巴哈无法在现实的革命斗争中改造自己的世界观，无法从群众实践中总结经验，因而也就不可能揭示社会历史发展的规律。这样一来，费尔巴哈就陷入唯心主义

---

[1] [德]恩格斯：《路德维希·费尔巴哈和德国古典哲学的终结》，人民出版社2014年版，第36页。

[2] 《马克思恩格斯选集》第1卷，人民出版社2012年版，第135页。

历史观的泥潭而不能自拔。

恩格斯特别强调,"费尔巴哈没有走的一步,必定会有人走的"[1],费尔巴哈没有完成的历史使命,必定会有人来完成,这就是马克思和恩格斯在批判继承前人思想成果的基础上,在无产阶级的革命实践中,将唯物主义贯彻到底,从而创立的"关于现实的人及其历史发展的科学",即唯物史观。这一超出费尔巴哈而进一步发展费尔巴哈观点的工作,是由马克思于1845年在《神圣家族》中开始的。在《神圣家族》中,马克思和恩格斯已经超越了费尔巴哈抽象的人的观点,开始把人放在具体的历史的现实的社会关系中予以理解,在对资本主义社会的政治经济学批判中找到了通往活生生的现实世界的道路。

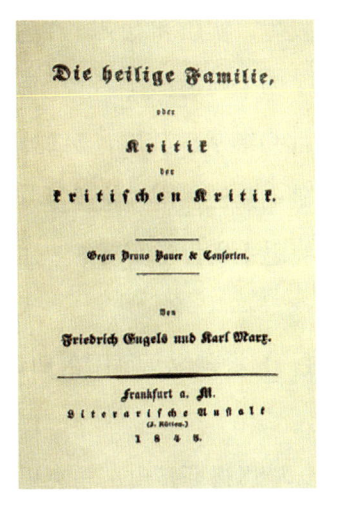

五、马克思主义哲学革命的发生、实质和意义

第四章主要阐述马克思主义哲学革命的

---

[1] [德]恩格斯:《路德维希·费尔巴哈和德国古典哲学的终结》,人民出版社2014年版,第36页。

《神圣家族》第一版扉页图↑

发生、实质和意义。在这一部分，加上简短的结语，恩格斯主要讲了四个问题：其一，全面阐明了马克思主义哲学对德国古典哲学的批判继承；其二，宏观概述了马克思主义哲学产生的自然科学基础；其三，详尽论述了唯物史观的基本原理；其四，深刻揭示了马克思主义哲学实现的革命性变革。

（一）批判继承德国古典哲学

恩格斯指出，马克思主义哲学是在黑格尔学派解体的过程中产生的，是"唯一的真正结出果实的派别"[1]。在黑格尔学派解体过程中，虽然涌现出诸如施特劳斯、鲍威尔、施蒂纳、费尔巴哈等人，但他们"都是黑格尔哲学的分支"，都没有从根本上真正突破黑格尔。施特劳斯只从事美文学的创作，鲍威尔只做了些基督教起源史的研究，施蒂纳陷入无政府主义的怪论，唯有费尔巴哈是个杰出的哲学家，但是，他也存在着很多缺陷：其一，他仍然没有逾越作为科学的科学之旧哲学的窠臼；其二，他"下半截是唯物主义者，上半截是唯心主义者"，也就是说，费尔巴哈的自然观是唯物主义的，但历史观是唯心主义的；其三，"他没有批判地克服黑格尔，而是简单地把黑格尔当做无用的东西抛在一边"；其四，"与黑格尔体系的百科全书式的丰富内容相比，他本人除了矫揉造作的爱的宗教和贫乏无力的道德以外，拿不出什么积极的东西"[2]。因此，费尔巴哈哲学仍然停留在旧唯物主义哲学的水平上。只有马克思和恩格斯

---

1 [德]恩格斯：《路德维希·费尔巴哈和德国古典哲学的终结》，人民出版社 2014 年版，第 37 页。
2 同上。

对包括黑格尔哲学在内的整个德国古典哲学采取了科学的批判继承的态度，并以其作为思想理论基础，创立了辩证唯物主义和历史唯物主义这一新哲学。

第一，批判继承费尔巴哈唯物主义的"基本内核"并将其贯彻到社会历史领域。与施特劳斯、鲍威尔、施蒂纳等人囿于黑格尔哲学的唯心主义体系不同，马克思和恩格斯正是在费尔巴哈的影响之下，才同黑格尔哲学分离，并走向唯物主义。这就意味着："人们决心在理解现实世界（自然界和历史）时按照它本身在每一个不以先入为主的唯心主义怪想来对待它的人面前所呈现的那样来理解；他们决心毫不怜惜地抛弃一切同事实（从事实本身的联系而不是从幻想的联系来把握的事实）不相符合的唯心主义怪想。"[1] 这就是唯物主义的全部意义。但是，马克思主义哲学的唯物主义又与费尔巴哈的唯物主义有所不同，它第一次对唯物主义的世界观采取了真正严肃的态度，"把这个世界观彻底地（至少在主要方面）运用到所研究的一切知识领域里去了"[2]。这就是说，马克思和恩格斯创立的新哲学，克服了费尔巴哈哲学"上半截是唯心主义"这一局限，将唯物主义从自然界扩展到包括社会历史领域在内的一切人类知识领域，阐明了社会历史的辩证运动过程及其发展的必然趋势，这样一种崭新的现代唯物主义就其本质而言不仅是辩证的，而且是历史的，实现了唯物辩证的自然观和历史观的内在统一。

第二，批判继承黑格尔辩证法的"合理内核"，将辩证法建立在唯物主义的基础之上。与费尔巴哈只是简单地将黑格尔哲学抛在

---

[1] [德]恩格斯：《路德维希·费尔巴哈和德国古典哲学的终结》，人民出版社 2014 年版，第 38 页。

[2] 同上。

一边不同,马克思批判地继承了黑格尔哲学的革命方面即辩证方法。但是,在黑格尔那里,观念和现实世界的关系是颠倒的,辩证法是绝对观念的自我运动、自我展开、自我复归。"绝对概念不仅是从来就存在的(不知在哪里?),而且是整个现存世界的真正的活的灵魂。"[1]现实事物仅仅成了绝对观念发展的某一阶段,"只是概念的自己运动的翻版"[2]。很明显,这是一种唯心主义的颠倒。马克思和恩格斯则把黑格尔用头立地的唯心辩证法颠倒过来,重新唯物地把我们头脑中的概念看作现实事物的反映,而不是把现实事物看作绝对概念的某一阶段的反映,辩证法就不再是观念的自我发展,而是现实世界本身永恒变化发展的反映。"这样,辩证法就归结为关于外部世界和人类思维的运动的一般规律的科学。"[3]恩格斯指出,外部世界和人类思维的运动这两个系列的规律在表现上是不同的,外部世界的规律是不自觉地、以外部必然性的形式、在无穷无尽的表

辩证唯物主义是马克思主义学说的思想基础,是把唯物主义和辩证法有机地统一起来的科学世界观。图为《马克思诞辰 200 周年》纪念邮票　中新图片／郝群英↑

1　[德]恩格斯:《路德维希·费尔巴哈和德国古典哲学的终结》,人民出版社 2014 年版,第 38 页。
2　同上书,第 39 页。
3　同上。

知识链接

"颠倒的"辩证法

"颠倒的"辩证法是马克思和恩格斯对黑格尔辩证法的唯心主义性质的指认。黑格尔是在彻底的唯心主义基础上建立起他的庞大的辩证法理论体系的,他认为,辩证发展的主体,不是客观物质世界,而是"绝对精神",客观世界的一切都是由绝对精神创造出来的。黑格尔的辩证法不过是纯粹概念的自我运动和发展,是"绝对精神"自我运动、自我认识、自我发展的过程。这样,辩证法的规律就不是从客观世界发展的历史中抽象出来的,而是强加给客观世界的,现实世界变成了绝对精神的产物。所以,马克思强调,在黑格尔那里,"辩证法是倒立着的"。恩格斯指出,黑格尔的辩证法是"用头立地"的。但是黑格尔这种"颠倒的"辩证法包含着丰富而深刻的合理内容,为人们从哲学高度把握运动、变化、发展的整体世界提供了思想武器。马克思和恩格斯批判继承了黑格尔辩证法的"合理内核",剥去了它的神秘形式,创立了唯物辩证法,"这样,概念的辩证法本身就变成只是现实世界的辩证运动的自觉的反映,从而黑格尔的辩证法就被倒转过来了,或者宁可说,不是用头立地而是重新用脚立地了"。

面的偶然性中实现的，而思维的规律则是人的头脑可以自觉地应用的。但是它们在本质上是同一的，因为思维的规律只是外部世界的规律的反映。"这样，概念的辩证法本身就变成只是现实世界的辩证运动的自觉的反映，从而黑格尔的辩证法就被倒转过来了。"[1]

恩格斯接下来具体地阐明了唯物辩证法的基本内容及其实践意义，他写道，"一个伟大的基本思想，即认为世界不是既成事物的集合体，而是过程的集合体，其中各个似乎稳定的事物同它们在我们头脑中的思想映象即概念一样都处在生成和灭亡的不断变化中，在这种变化中，尽管有种种表面的偶然性，尽管有种种暂时的倒退，前进的发展终究会实现"[2]。由此可见，唯物辩证法的基本思想包括：其一，世界是普遍联系和永恒发展的过程的统一体；其二，思想作为对客观事物的反映，也是不断运动、变化、发展的；其三，客观世界和人类思想的发展有其内在的必然规律，尽管存在表面的偶然性或暂时的倒退，但前进的趋势是不可阻挡的。

恩格斯根据实践和认识相统一的原则指出，如果在研究工作中始终从这个观点出发，就会不再提出那种所谓"最终解决"和"永恒真理"的要求；就会意识到人类的认识由于受到所处环境和社会历史条件的制约，而不可能穷尽绝对真理；就会克服把真理和谬误、善和恶、同一和差别、必然和偶然之间的对立绝对化的形而上学观点；就会懂得上述对立只有相对的意义，就会懂得它们之间的辩证关系。

...

[1] [德]恩格斯：《路德维希·费尔巴哈和德国古典哲学的终结》，人民出版社2014年版，第39页。
[2] 同上书，第40页。

（二）吸收最新自然科学成果

马克思主义哲学的产生，不仅批判继承了德国古典哲学特别是黑格尔和费尔巴哈哲学的积极成果，而且充分吸收了当时最新的自然科学成果。

恩格斯首先分析了人们的思维方法与自然科学的发展之间的内在关联。根据恩格斯的分析，从15世纪到18世纪末，自然科学主要是搜集材料的科学，是关于既成事物的科学。与之相应的形而上学的思维方法，"主要是把事物当做一成不变的东西去研究"[1]。这种方法在当时是有重大的历史根据的，因为人们必须先研究事物，然后才能研究过程，必须先知道一个事物是什么，然后才能察觉这个事物中所发生的变化。但是，如果对这种方法习以为常，就会使人们忘记了事物之间的普遍联系，忘记了事物的永恒发展过程。旧形而上学的思维方法就是自然科学处于搜集材料阶段产生的。但是，从19世纪开始，自然科学进入了本质上是整理材料的科学阶段，这是"关于过程、关于这些事物的发生和发展以及关于联系——把这些自然过程结合为一个大的整体——的科学"[2]。这就要求人们从联系和发展的观点来观察事物，要求人们把自然界看成各个事物发展过程组成的相互联系、相互制约的整体。因为只有联系起来考察，才能真正发现事物发展的规律。这样一来，机械论的形而上学

---

[1] [德]恩格斯：《路德维希·费尔巴哈和德国古典哲学的终结》，人民出版社2014年版，第40页。
[2] 同上书，第41页。

的思维方法就无法适应自然科学发展的需要，于是在哲学领域内，就敲响了形而上学的丧钟。随着研究动植物机体中过程的生理学、研究单个机体从胚胎到成熟的发育过程的胚胎学、研究地壳逐渐形成过程的地质学等的出现，辩证的思维方法呼之欲出。

随后，恩格斯着重分析了19世纪自然科学领域的三大发现对马克思主义哲学形成的重要意义。恩格斯写道，"三大发现使我们对自然过程的相互联系的认识大踏步地前进了"[1]。

第一，细胞的发现，使人们了解到植物和动物之间的联系，不仅使人们知道一切高等有机体都是按照一个共同规律发育和生长的，而且使人们通过细胞的变异能力看出有机体能改变自己的物种从而能完成比个体发育更高的发育的道路。

第二，能量守恒和转化定律，揭示了无机界的一切运动形式都是相互联系、相互转化的，因此，自然界中的一切运动都可以归结为一种形式向另一种形式不断转化的过程。

第三，达尔文的生物进化论，说明了整个生物界都处于由低级到高级、由简单到复杂的不断发展过程之中，整个有机界是一个相互联系的整体。

在恩格斯看来，这三大发现和自然科学的其他巨大进步，揭示了整个自然界是一个相互联系、变化发展的整体。"我们现在不仅能够说明自然界中各个领域内的过程之间的联系，而且总的说来也能说明各个领域之间的联系了，这样，我们就能够依靠经验自然科学本身所提供的事实，以近乎系统的形式描绘出一幅自然界联系

---

[1] [德]恩格斯：《路德维希·费尔巴哈和德国古典哲学的终结》，人民出版社2014年版，第41页。

的清晰图画。"[1] 这也就意味着,以往那种"用观念的、幻想的联系来代替尚未知道的现实的联系,用想象来补充缺少的事实,用纯粹的臆想来填补现实的空白"[2] 的自然哲学就最终被排除了。任何使它复活的企图不仅是多余的,而且是倒退。概而言之,自然科学的巨大进步特别是"三大发现",对于马克思主义哲学产生的重大意义在于:一方面,为辩证的自然观直接提供科学的材料,正是在自然科学取得的巨大进步的基础上,马克思和恩格斯才能够描绘自然界相互联系、永恒发展的本来面目;另一方面,自然科学的巨大发展带来的思维方式变革为唯物史观的创立提供了条件,形而

19 世纪,细胞学说、能量守恒和转化定律、生物进化论三大发现和其他自然科学的巨大进步,为马克思、恩格斯创立科学的世界观和方法论提供了客观的基础和现实的可能性。图为生物进化论的创立者达尔文画像 文化传播/供图↑

---

1 [德]恩格斯:《路德维希·费尔巴哈和德国古典哲学的终结》,人民出版社 2014 年版,第 42 页。
2 同上。

上学思维方式被辩证唯物主义的思维方式所取代，人们开始有可能从辩证思维出发来认识人类社会历史。

（三）唯物史观的最详尽阐述

接下来，恩格斯用了较大的篇幅详尽阐述了唯物史观的基本原理，主要包括人类社会发展的规律性、研究社会发展规律的方法以及社会发展的基本规律等内容。

1. 人类社会发展是有规律的

恩格斯首先指出，正如自然界是一个历史发展过程一样，社会领域同样也是一个历史发展的过程，我们同样应该研究社会历史的发展规律。但是，在以往的旧哲学如历史哲学、法哲学和宗教哲学那里，"都是以哲学家头脑中臆造的联系来代替应当在事变中去证实的现实的联系，把全部历史及其各个部分都看做观念的逐渐实现，而且当然始终只是哲学家本人所喜爱的那些观念的逐渐实现"[1]。这样一来，历史就被视为不自觉地为实现某种预定理想目的而努力的过程，比如，黑格尔就把历史看成绝对观念的自我实现的过程。因此，我们的任务就是要通过发现现实的联系来清除这种臆造的人为的联系，"这一任务，归根到底，就是要发现那些作为支配规律在人类社会的历史上起作用的一般运动规律"[2]。研究人类社会发展的历史规律，这就是唯物史观的基本任务。

---

1 [德]恩格斯：《路德维希·费尔巴哈和德国古典哲学的终结》，人民出版社2014年版，第42—43页。
2 同上书，第43页。

接下来，恩格斯比较了自然发展史与社会发展史的不同：在自然界中，全是没有意识的、盲目的力量彼此发生作用；而在社会历史领域内，进行活动的则是"具有意识的、经过思虑或凭激情行动的、追求某种目的的人"[1]。不过，这种差别无法改变如下事实，即"历史进程是受内在的一般规律支配的"[2]。恩格斯分析说，尽管各个人都有自觉预期的目的，但是无数的单个愿望和单个行动彼此冲突，在历史领域造成了一种同没有意识的自然界中占统治地位的状况完全相似的状况，似乎是偶然性在支配着一切。但是，恩格斯强调："在表面上是偶然性在起作用的地方，这种偶然性始终是受内部的隐蔽着的规律支配的，而问题只是在于发现这些规律。"[3]

2. 研究社会发展规律的方法

如何才能发现社会历史的发展规律呢？恩格斯接着写道："无论历史的结局如何，人们总是通过每一个人追求他自己的、自觉预期的目的来创造他们的历史，而这许多按不同方向活动的愿望及其对外部世界的各种各样作用的合力，就是历史。"[4]这就是恩格斯著名的"历史合力论"。根据恩格斯的分析，历史是由人的活动创造的，而人的活动是由不同的动机引起的。决定人们活动动机的有可能是外面的事物，也有可能是精神方面的动机。但是，在大多数情况下，人们的活动所得到的完全不是预期的结果，有时往往是恰恰相反的结果，"因而它们的动机对全部结果来说同样地只有从属的

---

1 [德]恩格斯：《路德维希·费尔巴哈和德国古典哲学的终结》，人民出版社2014年版，第43页。
2 同上。
3 同上书，第44页。
4 同上。

知识链接

历史合力论

历史合力论是恩格斯关于历史发展的动力、历史发展的结果与人的活动关系的理论。恩格斯在1890年9月21日至22日给约瑟夫·布洛赫的信中指出:"历史是这样创造的:最终的结果总是从许多单个的意志的相互冲突中产生出来的,而其中每一个意志,又是由于许多特殊的生活条件,才成为它所成为的那样。这样就有无数互相交错的力量,有无数个力的平行四边形,由此就产生出一个合力,即历史结果,而这个结果又可以看作一个作为整体的、不自觉地和不自主地起着作用的力量的产物。"历史合力论表明,人作为历史活动的主体创造自己的历史,但这种创造并非随心所欲,而是要在十分确定的前提和条件下进行。在这个过程中,经济的前提和条件是决定因素,而政治、文化等因素也会起一定的作用。历史的最终结果正是从这各种因素的交互作用中产生出来的,即各种社会因素交互作用产生的"合力"推动着历史不断发展。在历史活动中,任何个人因其特殊的生活条件,会产生不同的目的、意志,每个人的意志、目的都对历史过程发生作用,这样就有无数个相互交错的力量,但是它们不是作为单个意志而是作为所有意志融合而成的总的合力而起作用的。正是这种相互作用、

> 相互制约产生了一种不以任何个人的意志为转移的客观力量，即"总的合力"，这个合力的形成使历史成为自然历史过程。但不能由此得出结论说，个人的意志和力量对于历史运动毫无作用。相反，每个人的意志对历史合力的形成都有贡献，都是合力的构成因素。恩格斯的历史合力论是马克思主义经典作家关于历史发展动力、历史规律与个人活动关系问题的最全面深刻的说明，是对历史唯物主义理论的丰富和发展。

意义"[1]，这也就意味着，人类行为的主观动机不是社会历史的决定力量。那么，在这些动机背后隐藏着的又是什么样的动力？在行动者的头脑中以这些动机的形式出现的历史原因又是什么？恩格斯分析了历史上各派哲学家对此持有的代表性观点。其一，旧唯物主义，认为精神的动力是历史发展的最终原因，从而在历史领域内自己背叛了自己，即陷入了唯心史观。应该指出，历史唯物主义并不否认精神的力量是历史发展的一个动力，对于推动历史的发展具有重要的能动作用，但问题在于历史的发展还有更深刻的原因，这就要求我们去研究"这些动力后面的是什么，这些动力的动力是什么"[2]。于是恩格斯写道："不彻底的地方并不在于承认精神的动力，而在于不从这些动力进一步追溯到它的动因。"[3] 其二，历史哲学，

---

[1] [德]恩格斯：《路德维希·费尔巴哈和德国古典哲学的终结》，人民出版社2014年版，第44页。
[2] 同上书，第45页。
[3] 同上。

特别是黑格尔所代表的历史哲学,"认为历史人物的表面动机和真实动机都决不是历史事变的最终原因,认为这些动机后面还有应当加以探究的别的动力;但是它不在历史本身中寻找这种动力,反而从外面,从哲学的意识形态把这种动力输入历史"[1]。黑格尔在《历史哲学》中将绝对观念视作历史的动力,认为世界历史的发展就是绝对观念的原则实现。这仍然是唯心主义的历史观。

随后,恩格斯在批判旧唯物主义和黑格尔历史哲学的基础上,提出了探究社会历史发展规律的正确路径,即"要去探究那些隐藏在——自觉地或不自觉地,而且往往是不自觉地——历史人物的动机背后并且构成历史的真正的最后动力的动力"[2]。具体而言,其一,要去探究"使广大群众、使整个整个的民族,并且在每一民族中间又是使整个整个阶级行动起来的动机"[3],而不是某些个别人物的动机;其二,要去探究"那些持久的、引起重大历史变迁的行动",而不是某些短暂的爆发和转瞬即逝的火光;其三,要去探究"反映在行动着的群众及其领袖即所谓伟大人物的头脑中的动因",即推动广大群众行动起来的客观的物质动因。所有这些都"是能够引导我们去探索那些在整个历史中以及个别时期和个别国家的历史中起支配作用的规律的唯一途径"[4]。

恩格斯通过以上论述,给我们指明了人类社会发展的规律性及其探究路径。正如列宁所言:"发现唯物主义历史观,或者更确切

---

[1] [德]恩格斯:《路德维希·费尔巴哈和德国古典哲学的终结》,人民出版社2014年版,第45页。
[2] 同上。
[3] 同上。
[4] 同上书,第45—46页。

地说，把唯物主义贯彻和推广运用于社会现象领域，消除了以往的历史理论的两个主要缺点。第一，以往的历史理论至多只是考察了人们历史活动的思想动机，而且没有研究产生这些动机的原因，没有探索社会关系体系发展的客观规律性，没有把物质生产的发展程度看做这些关系的根源；第二，以往的理论从来忽视居民群众的活动，只有历史唯物主义才第一次使我们能以自然科学的精确性去研究群众生活的社会条件以及这些条件的变更。"[1]

3. 社会发展规律的主要内容

第一，阶级斗争是阶级社会发展的直接动力。恩格斯指出，在阶级社会中，人们的愿望和动机，归根到底是由其所处的阶级地位决定的，只有具体地考察社会各阶级思想动机的动因和结果，才能在迷离混沌的社会现象中发现其内在规律。恩格斯在研究了欧洲特别是英法两国的近现代史之后指出，在资本主义以前的各个历史时期，对历史的这些动因的探究几乎是不可能的，因为它们和自己的结果的联系是混乱而隐蔽的，不仅由于生产规模较小，限制了人们的眼界，而且剥削阶级的偏见经常歪曲历史的真相。随着资本主义的不断发展，社会的阶级关系和经济关系日益简化明显，为人们揭示社会历史发展的动力和规律提供了有利条件。在英国，采用机器大工业以来，特别是从1815年签订欧洲合约以来，资本主义经济迅速发展，但新兴资产阶级在政治上没有获得相应的权利。为了维护自己的利益，资产阶级利用人民的力量发动了议会改革运动，要求打破土地贵族的政治垄断，为工业资产阶级在议会中争取优势地位。因此，"土地贵族（landed aristocracy）和资产阶级（middle

---

[1]《列宁选集》第2卷，人民出版社2012年版，第425页。

class）这两个阶级争夺统治的要求，是英国全部政治斗争的中心"[1]。在法国，波旁王朝的复辟，加剧了资产阶级和土地贵族的斗争。1830年爆发的七月革命，再度推翻了波旁王朝，建立了代表金融资产阶级统治的奥尔良王朝。当时法国的资产阶级历史学家梯叶里、基佐、米涅和梯也尔等人在他们的著作中明确指出，土地贵族和资产阶级争夺政权的斗争"这一事实是理解中世纪以来法国历史的钥匙"[2]。从1830年起，欧洲工人阶级即无产阶级开始登上了历史舞台，先后发起了英国宪章运动、法国里昂工人起义等反对资产阶级和封建贵族的斗争，成为为争夺统治权而斗争的第三个战士。因此，恩格斯写道："这三大阶级的斗争和他们的利益冲突是现代历史的动力，至少是这两个最先进国家的现代历史的动力。"[3]

马克思和恩格斯在《共产党宣言》中就曾指出："至今一切社会的历史都是阶级斗争的历史。"[4] 只有从阶级斗争的角度，才能把握阶级社会发展的内在规律。正是在这一意义上，列宁特别强调："马克思主义提供了一条指导性的线索，使我们能在这种看来扑朔迷离、一团混乱的状态中发现规律性。这条线索就是阶级斗争的理论。"[5]

第二，生产方式的内在矛盾运动是社会发展的决定力量。与以往那种将阶级的产生归于政治原因、归于暴力掠夺的传统观点不同，恩格斯以资本主义的发展史为例，指出资产阶级和无产阶

---

[1] [德]恩格斯：《路德维希·费尔巴哈和德国古典哲学的终结》，人民出版社2014年版，第46页。
[2] 同上。
[3] 同上。
[4] 《马克思恩格斯选集》第1卷，人民出版社2012年版，第400页。
[5] 《列宁选集》第2卷，人民出版社2012年版，第426页。

级"这两大阶级的起源和发展是由于纯粹经济的原因"[1]，正如资产阶级反对封建阶级的斗争一样，无产阶级反对资产阶级的斗争，首先是为了经济利益而进行的，政治权力不过是用来实现经济利益的手段。因此，恩格斯指出："资产阶级和无产阶级这两个阶级是由于经济关系发生变化，确切些说，是由于生产方式发生变化而产生的。"[2] 恩格斯以英法两国的历史为例指出，在历史的发展过程中，新的生产力推动了交换条件和交换需要的发展，二者的发展同既有的社会制度和社会秩序不相容，发生了冲突，于是，代表新生产力的阶级就会起来反抗旧的社会制度和社会秩序。在封建社会末期，随着行会手工业向工场手工业的过渡，资产阶级所代表的生产力起来反抗封建土地占有者和行会师傅所代表的旧的生产秩序，于是，资产阶级反对封建制度就是这样发生的。随着机器大工业的进一步发展，无产阶级所代表的新的生产力"现在已经同代替封建生产秩序的资产阶级生产秩序相冲突了"[3]，也就是说，生产力的发展已经同资本主义的生产关系及其上层建筑产生了尖锐的矛盾，即生产的社会化与生产资料资本主义私人占有之间的矛盾，这种矛盾一方面表现为生产的不断扩大，商品的日益丰富，因而导致"生产过剩"；另一方面表现为资本家对雇佣工人的剥削日益加剧，致使其购买力不断缩小，造成"大众的贫困"。"生产过剩和大众的贫困，两者互为因果，这就是大工业所陷入的荒谬的矛盾，这个矛盾必然

---

[1] [德] 恩格斯：《路德维希·费尔巴哈和德国古典哲学的终结》，人民出版社2014年版，第46页。

[2] 同上书，第46—47页。

[3] 同上书，第47页。

要求通过改变生产方式来使生产力摆脱桎梏"[1]，最终实现社会形态的更替。由此可见，人类社会的历史归根到底就是生产方式发展的历史。这就表明，由生产力和生产关系的矛盾运动所构成的生产方式是社会发展的决定力量，生产力决定生产关系，生产关系的状况必须适应生产力的发展，同时生产关系也对生产力具有巨大的反作用。

第三，经济基础决定上层建筑。经济基础是指一定生产关系的总和；上层建筑是指在一定经济基础之上建立起来的政治、法律、道德、艺术、哲学、宗教等意识形态以及与这些意识形态相适应的国家、法律等制度。接下来，恩格斯分别论述了经济基础对国家、政治制度、法律的决定作用以及经济基础对哲学、宗教等意识形态的决定作用。

其一，经济基础决定国家、政治制度、法律等上层建筑。恩格斯指出，现代历史已经证明，一切政治斗争都是阶级斗争，而一切争取解放的阶级斗争，尽管它必然地具有政治的形式（因为一切阶级斗争都是政治斗争），归根到底都是围绕着经济解放进行的。这也就意味着，"国家、政治制度是从属的东西，而市民社会、经济关系的领域是决定性的因素"[2]。针对黑格尔等人所推崇的国家决定市民社会的传统唯心史观，恩格斯强调，这只是问题的形式方面，事实上，国家的意志总的说来是由市民社会的不断变化的需要，是由某个阶级的优势地位，归根到底，是由生产力和交换关系的发展

---

[1] [德]恩格斯：《路德维希·费尔巴哈和德国古典哲学的终结》，人民出版社 2014 年版，第 47 页。

[2] 同上。

决定的。这就是说，国家并不是一个独立发展的领域，国家的存在和发展归根到底都应该从社会的经济生活条件中得到解释。现在如此，以前亦然。

在恩格斯看来，国家和公法是由经济关系决定的，私法同样如此，"因为私法本质上只是确认单个人之间的现存的、在一定情况下是正常的经济关系"[1]。恩格斯以英、德、法等国各个时期的民法为例说明，虽然它们保存了旧的封建的法的形式，但在本质上都是对资本主义制度下私人之间经济关系的确认。资产阶级革命的历史条件和资本主义的

---

[1] [德]恩格斯:《路德维希·费尔巴哈和德国古典哲学的终结》，人民出版社2014年版，第48—49页。

描绘英国宪章运动的绘画　文化传播 / 供图↑

发展水平不同,决定了这些国家的民法也采取了不同的形式。英国受 17 世纪资产阶级革命不彻底的影响,在本国旧的封建法权形式基础上赋予资产阶级的新内容。西欧大陆各国民法是以罗马法为基础的,但在半封建的德意志采取了贬低或曲解罗马法的普通法或普鲁士邦法等坏形式。而经过彻底的资产阶级革命的法国,则以罗马法为基础制定出了典型的资产阶级法典《法兰西民法典》。因此,"如果说民法准则只是以法的形式表现了社会的经济生活条件,那么这种准则就可以依情况的不同而把这些条件有时表现得好,有时表现得坏"[1]。

国家、法律虽然是由经济基础决定的,但一旦产生之后就具有了相对独立性。如果看不到它们与经济基础之间的联系,就会陷入唯心史观的泥潭。恩格斯指出,国家一经产生,对社会来说就是独立的,而且它越是成为某个阶级的机关,越是直接地实现这一阶级的统治,它就越独立。"被压迫阶级反对统治阶级的斗争必然要变成政治的斗争,变成首先是反对这一阶级的政治统治的斗争;对这一政治斗争同它的经济基础的联系的认识,就日益模糊起来,并且会完全消失。"[2] 这样一来,在统治阶级的政治家和法学家那里,国家和法律同经济事实的联系完全消失了,从而使人们陷入唯心史观的误区。总之,片面夸大国家、法律的相对独立性,割断它们与经济基础的联系,是唯心史观产生的认识论根源之一。历史唯物主义的任务就是要彻底根除这一谬误,并对之作出符合真实联系的科学

---

[1] [德]恩格斯:《路德维希·费尔巴哈和德国古典哲学的终结》,人民出版社 2014 年版,第 49 页。

[2] 同上书,第 49—50 页。

说明。

其二，经济基础决定哲学、宗教等意识形态。与政治、法律相比，哲学和宗教是更高的即更远离物质经济基础的意识形态。恩格斯指出，社会经济条件是通过国家和政治、法律等中间环节而对哲学和宗教发生作用的。但是，由于国家和政治、法律等日益变成社会的独立力量，哲学、宗教同经济基础之间的联系也就越来越弄得混乱和模糊了。在恩格斯看来，尽管表面如此，但是，这一联系是始终存在的，归根到底，经济基础对这些意识形态起着最终的决定作用。欧洲文艺复兴时期的哲学，决不是古希腊罗马哲学的简单复活，而是在城市工商业发展基础之上形成的新兴资产阶级哲学，"本质上仅仅是那些和中小市民阶级发展为大资产阶级的过程相适应的思想的哲学表现"[1]。英国的休谟和法国的狄德罗，既是哲学家，又是经济学家，在他们的哲学中更容易看到与经济基础的密切联系。即便是以纯粹思辨形式出现的高度抽象的黑格尔哲学，也是与当时德国资产阶级的经济状况密切相关的，关于这一点，在前面已经讲过了。

关于宗教，恩格斯通过对宗教的产生、发展和变革的分析，阐明了经济基础对宗教的决定作用。恩格斯指出："宗教是在最原始的时代从人们关于他们自身的自然和周围的外部自然的错误的、最原始的观念中产生的。"[2] 原先过着共同生活的有亲属关系的民族集团，分享着共同的原始宗教观念。民族集团分裂后，各个民族由

---

[1] [德] 恩格斯：《路德维希·费尔巴哈和德国古典哲学的终结》，人民出版社2014年版，第50页。
[2] 同上书，第50—51页。

于其各自的生活条件而形成本民族的神。到了罗马世界帝国时代，由于奴隶制商品经济的发展和帝国领土的扩张，旧有的多神教和民族神便被新的世界性宗教即基督教所代替，基督教的形成是由罗马帝国的经济和政治发展需要所决定的。在中世纪，随着封建制度的发展，基督教成为一种具有相应的封建等级制的宗教。为了适应资本主义经济关系和阶级斗争的需要，16世纪的欧洲发生了大规模的宗教改革运动，基督教被改革成为各种形式的资产阶级化的宗教，为资产阶级革命提供意识形态的外衣。到了18世纪，资本主义工商业进一步发展，资产阶级开始形成自己独立的意识形态，在法国进行了第一次完全抛开资产阶级外衣的彻底的资产阶级革命。这表明基督教进入了它的最后阶段。"此后，它已不能成为任何进步阶级的意向的意识形态外衣了；它越来越变成统治阶级专有的东西，统治阶级只把它当做使下层阶级就范的统治手段。"[1]

法国启蒙思想家狄德罗画像　文化传播/供图

[1] [德]恩格斯：《路德维希·费尔巴哈和德国古典哲学的终结》，人民出版社2014年版，第53页。

通过对基督教在欧洲发展史的回顾性考察,恩格斯得出如下结论:"宗教一旦形成,总要包含某些传统的材料,因为在一切意识形态领域内传统都是一种巨大的保守力量。但是,这些材料所发生的变化是由造成这种变化的人们的阶级关系即经济关系引起的。"[1]这就告诉我们:其一,宗教等意识形态的形成和发展都是一个前后相继的过程,任何意识形态都是在原有观念材料的基础上进一步加工形成的;其二,意识形态的发展变化过程,归根到底是由人们的物质生活条件决定的。

需要特别指出的是,由于当时恩格斯主要批判历史唯心主义的观点,因此,这里重点论述的是经济基础对上层建筑的决定作用,但这并不意味着经济基础是唯一的决定性因素,上层建筑只是一些消极被动的因素。恩格斯后来在致约瑟夫·布洛赫的信中对这种歪曲专门予以反驳,"根据唯物史观,历史过程中的决定性因素归根到底是现实生活的生产和再生产。无论马克思或我都从来没有肯定过比这更多的东西。如果有人在这里加以歪曲,说经济因素是唯一决定性的因素,那么他就是把这个命题变成毫无内容的、抽象的、荒诞无稽的空话。经济状况是基础,但是对历史斗争的进程发生影响并且在许多情况下主要是决定着这一斗争的形式的,还有上层建筑的各种因素";"青年们有时过分看重经济方面,这有一部分是马克思和我应当负责的。我们在反驳我们的论敌时,常常不得不强调被他们否认的主要原则,并且不是始终都有时间、地点和机会来给

---

[1] [德]恩格斯:《路德维希·费尔巴哈和德国古典哲学的终结》,人民出版社2014年版,第54页。

其他参与相互作用的因素以应有的重视"。[1]

(四)哲学领域的革命性变革

马克思和恩格斯在总结工人运动经验的基础上,概括了自然科学的最新成就,批判继承了人类思想史特别是德国古典哲学的优秀成果,把唯物论和辩证法有机结合起来,把唯物辩证的自然观和历史观有机结合起来,从而超越了唯心主义和以往一切旧唯物主义,创立了马克思主义哲学,实现了哲学发展史上的革命性变革。从此以后,其一,唯心主义被彻底地从自然领域和社会领域中驱逐出去,唯物主义彻底贯彻到了自然和社会历史的所有领域,马克思的唯物主义"这种历史观结束了历史领域内的哲学,正如辩证的自然观使一切自然哲学都成为不必要的和不可能的一样"[2],因此,人们"都不再是从头脑中想出联系,而是从事实中发现联系了"[3];其二,哲学也不再是过去那种包罗万象的"科学之科学",而是研究自然、社会和人类思维的最一般的规律,至于各种特殊规律则留给各门具体科学去研究。"这样,对于已经从自然界和历史中被驱逐出去的哲学来说,要是还留下什么的话,那就只留下一个纯粹思想的领域:关于思维过程本身的规律的学说,即逻辑和辩证法。"[4]

在结语部分,恩格斯通过对比1848年革命之后德国资产阶级

---

[1] 《马克思恩格斯选集》第4卷,人民出版社2012年版,第604、606页。
[2] [德]恩格斯:《路德维希·费尔巴哈和德国古典哲学的终结》,人民出版社2014年版,第54页。
[3] 同上。
[4] 同上。

与无产阶级对待理论的不同态度，进一步阐明了马克思主义哲学是科学性、革命性和阶级性的统一，指出德国的工人运动是德国古典哲学的继承者。恩格斯指出，1848年革命之后，资本主义发展道路上各种障碍基本被扫除了，德国资产阶级逐渐登上了统治地位，他们抛弃了"德国的光荣的伟大理论兴趣"和"致力于纯粹科学研究的兴趣"，转入了实践的领域，热衷于对经济利益、政治地位的追逐。原来的革命思想家"都变成毫无掩饰的资产阶级的和现存国家的意识形态家"，德国古典哲学所具有的那种革命精神和生命力也完全消失了，作为德国资产阶级

恩格斯指出，1848年革命之后，德国资产阶级登上统治地位，开始热衷于对经济利益、政治地位的追逐。图为1848年讽刺普鲁士国王腓特烈·威廉四世的漫画 文化传播/供图↑

革命先导的德国古典哲学在已经获得胜利的德国资产阶级那里终结了。

与之相反,"德国人的理论兴趣,只是在工人阶级中还没有衰退,继续存在着"[1]。为了反抗资产阶级压迫和封建专制政权的统治,为了获得包括自身在内的所有被压迫阶级的经济和政治解放,从而实现自身的历史使命,工人阶级亟需科学的革命的理论来指导自己的阶级斗争实践。"科学越是毫无顾忌和大公无私,它就越符合工人的利益和愿望。"[2] 马克思主义哲学作为"在劳动发展史中找到了理解全部社会史的锁钥的新派别",在批判继承德国古典哲学优秀成果的基础上,正确揭示了人类社会发展的客观规律,科学论证了无产阶级的伟大历史使命,"一开始就主要是面向工人阶级的",代表了工人阶级和劳动大众的利益和愿望,为无产阶级和人类解放指明了前进的方向。正如马克思所言,"哲学把无产阶级当做自己的物质武器,同样,无产阶级也把哲学当做自己的精神武器"[3]。

最后,恩格斯得出结论:"德国的工人运动是德国古典哲学的继承者。"[4] 这一论断揭示了马克思主义哲学同工人运动实践的内在统一,揭示了德国工人运动通过马克思主义哲学同德国古典哲学之间的关联。这就意味着,一方面,马克思主义哲学因其科学性、革命性、阶级性的统一而必然成为工人阶级的理论武器;另一方面,

---

[1] [德] 恩格斯:《路德维希·费尔巴哈和德国古典哲学的终结》,人民出版社 2014 年版,第 55 页。

[2] 同上。

[3] 《马克思恩格斯选集》第 1 卷,人民出版社 2012 年版,第 16 页。

[4] [德] 恩格斯:《路德维希·费尔巴哈和德国古典哲学的终结》,人民出版社 2014 年版,第 55 页。

马克思主义哲学不仅要解释世界，而且要现实化为工人运动，致力于改变世界。正是在这一意义上，我们说，马克思主义哲学的诞生实现了哲学发展史上的革命性变革。马克思主义哲学的创立和德国古典哲学的终结不仅是哲学史上的伟大革命，而且开辟了德国历史发展的新阶段，以德国资产阶级为代表的社会和文化变革时代已然终结，德国工人阶级成为新时代推动社会和文化变革的主体力量。德国工人阶级为了实现自身的解放，需要科学的革命的理论的指导，需要马克思主义哲学作为自己的行动指南；马克思主义哲学为了实现自己改造世界的历史使命，必须同德国工人运动相结合。运用马克思主义哲学武装起来的德国工人运动，在自身的革命实践中成为实现马克思主义哲学使命的承担者，因而也就成为德国古典哲学的真正继承者。

第三章 《路德维希·费尔巴哈和德国古典哲学的终结》的历史地位与现实启示

在表面上是偶然性在起作用的地方,这种偶然性始终是受内部的隐蔽着的规律支配的,而问题只是在于发现这些规律。

《费尔巴哈论》是一部马克思主义哲学的经典著作，也是党的各级领导干部学习和研究马克思主义的必读书目。在对《费尔巴哈论》一书的创作缘起与出版传播、文本结构与思想要义进行了介绍和导读之后，接下来，我们简要论述一下《费尔巴哈论》的历史地位与现实启示，也就是为什么我们要在革命导师恩格斯写作该书130余年之后的今天仍然要重新研读这一经典著作。

一、历史地位

　　《费尔巴哈论》不仅在思想内容上系统阐述了辩证唯物主义和历史唯物主义的基本原理，丰富发展了马克思主义哲学，而且在历史效应上有力回击了资产阶级错误思潮的歪曲，为工人阶级及其政党提供了学习哲学的"教材"和进行斗争的"武器"，从而进一步推动了无产阶级和人类解放运动的深入发展。全面准确地理解《费尔巴哈论》及其与马克思《关于费尔巴哈的提纲》的异同关系，对于驳斥国外学界特别是西方"马克思学"所炮制的"马恩对立论"等错误论调也具有重要的理论价值。

（一）哲学的"教材"与斗争的"武器"

　　《费尔巴哈论》在马克思主义哲学发展史上具有极

为重要的地位，不仅因其思想内容上的丰富性而堪称哲学的"教材"，而且因其指导实践上的有效性而被视为斗争的"武器"。

第一，从思想内容上看，恩格斯在《费尔巴哈论》一书中，仔细回顾了马克思主义哲学形成和发展的历史过程，具体阐明了它的思想理论来源和自然科学基础，系统论述了马克思主义哲学同德国古典哲学特别是同黑格尔辩证法和费尔巴哈唯物主义之间的批判继承关系和本质区别，详尽阐释了辩证唯物主义和历史唯物主义的基本原理，深刻揭示了马克思主义哲学的诞生在哲学领域中引起的革命性变革的实质和意义。恩格斯第一次提出"全部哲学，特别是近代哲学的重大的基本问题，是思维和存在的关系问题"[1]，哲学家们依照对思维和存在、精神和物质何者为本原的问题的不同回答而被分成唯物主义和唯心主义两大阵营。恩格斯同时指出，思维和存在的关系问题还有另一个方面，即我们的思维能不能正确认识世界的问题，对这一问题的回答形成可知论和不可知论。恩格斯批驳了怀疑和否定人认识世界的可能性的错误观点，指出对这种不可知论错误观点和其他一切哲学怪论的最令人信服的驳斥是实践，即实验和工业。他论述了马克思主义哲学产生的自然科学基础，阐明了自然科学的发展，特别是19世纪中叶自然科学领域中的"三大发现"对辩证唯物主义自然观和历史观形成的作用，指出像唯心主义一样，唯物主义也经历了一系列发展阶段；随着自然科学领域中每一个划时代的发现，唯物主义也必然要改变自己的形式。他阐明了辩证唯物主义的自然观和社会历史观的一致性，同时指出社会发展

---

[1] [德]恩格斯:《路德维希·费尔巴哈和德国古典哲学的终结》，人民出版社2014年版，第17页。

史具有不同于自然发展史的特点,"在社会历史领域内进行活动的,是具有意识的、经过思虑或凭激情行动的、追求某种目的的人",但社会发展史与自然发展史的不同特点"丝毫不能改变这样一个事实:历史进程是受内在的一般规律支配的";"在表面上是偶然性在起作用的地方,这种偶然性始终是受内部的隐蔽着的规律支配的,而问题只是在于发现这些规律"。[1] 这部著作系统论述了历史发展的动力、经济基础的决定作用和上层建筑的反作用、人民群众是历史的创造者等历史唯物主义基本原理,同时还阐明了马克思主义哲学的阶级基础,指出:"科学越是毫无顾忌和大公无私,它就越符合工人的利益和愿望。在劳动发展史中找到了理解全部社会史的锁钥的新派别,一开始就主要是面向工人阶级的,并且从工人阶级那里得到了同情,这种同情是它在官方科学那里既没有寻找也没有期望过的。德国的工人运动是德国古典哲学的继承者。"[2] 可以说,《费尔巴哈论》在思想内容上极大地丰富和发展了马克思主义哲学的基本原理,它是我们学习马克思主义哲学的权威"教材"。

第二,从现实效应上看,《费尔巴哈论》一书的出版,在当时,不仅从理论上详尽阐明了马克思主义哲学所实现的革命性变革及其重大意义,有力回击了新康德主义、新黑格尔主义等资产阶级错误思潮对马克思主义的歪曲和攻击,而且在实践上为工人阶级及其政党提供了强大的思想武器,从而对指导无产阶级革命运动和人类解放运动发挥了重大作用。在之后,《费尔巴哈论》一书的理论效应

---

[1] [德]恩格斯:《路德维希·费尔巴哈和德国古典哲学的终结》,人民出版社2014年版,第43、44页。
[2] 同上书,第55页。

更是贯穿整个马克思主义哲学史的发展过程中，特别地，在今天中国特色社会主义现代化建设的伟大实践中依然为党的各级领导干部和广大党员不断提供着马克思主义哲学智慧的滋养，也为我们在新时代意识形态建设领域提供了理论斗争的"武器"。马克思主义经典作家对《费尔巴哈论》一书的历史地位都作出过高度评价。1890年，恩格斯本人在强调必须根据原著来研究马克思主义哲学基本原理时，特别提到了他写的《反杜林论》和《费尔巴哈论》。恩格斯说："我在这两部书里对历史唯物主义作了就我所知是目前最为详尽的阐述。"[1] 列宁也曾多次阐明这部著作的理论意义，他指出："马克思和恩格斯最坚决地捍卫了哲学唯物主义，并且多次说明，一切离开这个基础的倾向都是极端错误的。在恩格斯的著作《路德维希·费尔巴哈》和《反杜林论》里最明确最详尽地阐述了他们的观点，这两部著作同《共产党宣言》一样，都是每个觉悟工人必读的书籍。"[2] 毛泽东更是多次将《费尔巴哈论》一书列入"干部必读的马列经典著作"。

习近平同志曾特别强调，《路德维希·费尔巴哈和德国古典哲学的终结》，是恩格斯在马克思逝世后对马克思主义哲学基本原理所作的全面梳理、总结和发展，第一次明确提出了哲学基本问题，系统论述辩证唯物主义和历史唯物主义基本内容，是关于马克思主义科学世界观和方法论的概论式著作。习近平同志还指出，重视学习马克思主义经典著作是我们党的优良传统。因为阅读和学习马克思主义经典著作，不仅是增长知识、开阔眼界、增加思想深度和训

---

[1] 《马克思恩格斯选集》第4卷，人民出版社2012年版，第606页。
[2] 《列宁选集》第2卷，人民出版社2012年版，第310页。

练思维方式的过程，而且是培养高瞻远瞩的战略洞察力和脚踏实地的工作作风的过程，还是进一步坚定政治立场和政治信仰、提升思想境界和道德情操的过程。历史和实践表明，长期以来全党对马克思主义经典著作的不懈学习，对于加强党的思想理论建设、提高党员干部理论素养、推动党和人民事业发展发挥了重要作用。在中共中央党校不同主体班次的教学计划中，"《路德维希·费尔巴哈和德国古典哲学的终结》导读"一直是党的各级领导干部学习培训的必修讲题，从教学效果和学员反馈情况来看，学习《费尔巴哈论》，对于总体把握马克思主义哲学的形成过程和基本原理，运用马克思主义立场观点方法分析和解决我们面临的实际问题具有重要的理论价值。

(二)"共同工作40年"的见证和结晶

国内外学术界围绕《费尔巴哈论》的一个研究热点就是其与马克思的《关于费尔巴哈的提纲》(简称《提纲》)的异同关系以及在此基础上引申出来的马克思与恩格斯的关系问题，之前的研究现状综述一节曾简要提及几位代表性学者的观点，在此想通过进一步的分析，来呈现全面准确地理解《费尔巴哈论》作为恩格斯和马克思"共同工作40年"的见证和结晶，对于驳斥国外学界特别是西方"马克思学"所炮制的"马恩对立论"等错误论调具有的重要理论价值。

关于恩格斯的《费尔巴哈论》与马克思的《提纲》的异同关系，国内外学界有种代表性的观点是，二者之间存在着一种机械的唯物主义与能动的唯物主义的根本对立。持这种观点的人虽然在论

> **知识链接**
>
> **《关于费尔巴哈的提纲》**
>
> 　　《关于费尔巴哈的提纲》是马克思写于1845年春的一份笔记手稿,在马克思生前并未公开发表,1888年作为恩格斯《费尔巴哈论》一书的附录首次发表,恩格斯称之为"包含着新世界观的天才萌芽的第一个文件"。《提纲》以科学的实践观为主线,在批判费尔巴哈等旧唯物主义和唯心主义的基础上阐明了自己新唯物主义的世界观。《提纲》第一次从根本上揭示了费尔巴哈和一切旧唯物主义的根本缺陷,同一切旧哲学划清了界限,第一次把科学的实践观作为马克思主义哲学的基础,在马克思主义哲学形成史上具有中心环节的地位和意义。

证过程中也援引了马克思和恩格斯文本中的原话,但他们之所以得出上述错误结论,原因在于他们在解读经典著作时忽略了文本创作的历史语境和针对的具体问题,犯了强制阐释的主观主义失误。我们应该以马克思和恩格斯的文本为依据,历史地具体地总体地考察二者的异同。

　　从文本依据上看,在"1888年单行本序言"中,恩格斯明确写道:"旧稿中缺少对费尔巴哈学说本身的批判;所以,旧稿对现在这一目的是不适用的。可是我在马克思的一本旧笔记中找到了十一条关于费尔巴哈的提纲,现在作为本书附录刊印出来。这是匆匆写成的供以后研究用的笔记,根本没有打算付印。但是它作为包含着新世界观的天才萌芽的第一个文献,是非常宝贵的。"[1]两个文本一同刊印出版的历史事实已经表明,《费尔巴哈论》和《提纲》不仅在基本观点上是相同的,而且对于评述费尔巴哈的哲学这一现实目的而言也是一致的。

从理论逻辑上看,尽管二者创作于不同时期,针对着不同问题,文本形式和理论效应也有所不同,但就对于费尔巴哈哲学的批判和马克思主义哲学基本原理的阐释而言在根本上是相同的。先看不同点。其一,创作时期不同。《提纲》写于1845年春,处于马克思主义哲学初创时期,是马克思主义哲学的奠基性文献;《费尔巴哈论》写于1886年,在马克思主义哲学创立后经过了40多年发展,是对唯物史观的回顾和总结。其二,针对问题不同。《提纲》主要是针对费尔巴哈的直观的唯物主义和唯心史观,阐明了马克思主义的科学的实践观、真理观、人的本质

---

1 [德]恩格斯:《路德维希·费尔巴哈和德国古典哲学的终结》,人民出版社2014年版,第4—5页。

《路德维希·费尔巴哈和德国古典哲学的终结》1888年斯图加特版的扉页↑

第三章 《路德维希·费尔巴哈和德国古典哲学的终结》的历史地位与现实启示 173

以及新唯物主义的阶级立场和历史使命;《费尔巴哈论》主要针对施达克对费尔巴哈哲学的误解和新康德主义等错误思潮对马克思主义哲学与德国古典哲学关系的歪曲,全面阐明了马克思主义哲学与德国古典哲学之间的区别和联系,特别对费尔巴哈哲学的唯物主义和唯心史观进行了系统的分析和批判。其三,文本形式和理论效应不同。《提纲》是供进一步研究使用的笔记,是包含着新世界观的天才萌芽的第一个文献;《费尔巴哈论》既是对施达克一书的书评,更是详尽阐释马克思主义哲学形成发展和基本原理的概论式著作。

再看相同点。其一,对于费尔巴哈哲学的批判是一致的。《提纲》批判了费尔巴哈唯物主义的直观性,这种直观性导致了对人的本质的抽象性理解,因而最终陷入了唯心史观;《费尔巴哈论》第二章深刻揭示了包括费尔巴哈在内的旧唯物主义的三大缺陷是机械性、形而上学性和唯心史观。其二,对于马克思主义哲学实践观点的阐发是一致的。《提纲》着重阐述了马克思主义的科学的实践观;《费尔巴哈论》不仅从认识论上强调了实践对不可知论的驳斥,而且从历史观上论述了社会实践在人类历史发展中的地位和作用。其三,对马克思主义哲学的阶级立场和实践旨趣的指认是一致的。《提纲》明确强调新唯物主义的立足点是人类社会,并主张"问题在于改变世界";《费尔巴哈论》在突出马克思主义哲学是科学性、革命性和阶级性统一的同时,指出"德国的工人运动是德国古典哲学的继承者"。由此可见,虽然二者存在个别差异,但"它们的相同性是其主导方面,它们的差异性是服务于主导方面的次要方面"[1],归根到底,《费尔巴哈论》是对《提纲》的进一步丰富和发展。

...

[1] 朱传棨:《恩格斯哲学思想研究论稿》,人民出版社 2012 年版,第 425 页。

与《费尔巴哈论》和《提纲》的异同关系紧密相关，关于恩格斯与马克思的关系问题，也成为国内外学界关注的焦点之一。不论是卢卡奇、施密特等西方马克思主义者认为马克思与恩格斯之间存在历史辩证法与自然辩证法的对立，还是吕贝尔、诺曼·莱文等西方"马克思学"学者主张人道主义的马克思与实证主义的恩格斯的对立，其核心观点都是割裂马克思与恩格斯的一致性，人为地制造"马恩对立论"。

针对"马恩对立论"的挑战，我国学者进行了实事求是的分析和针锋相对的回击，在具体分析恩格斯对马克思主义哲学的历史贡献基础上，达成的一个基本共识是，"马恩关系具有根本一致性，这是不可否定的基本事实，其基本特点是在根本一致的基础上有个性差异"，马克思与恩格斯的关系可以

《关于费尔巴哈的提纲》是马克思写于 1845 年春的一份笔记手稿。图为中国赠予德国特里尔市的马克思雕像 中新图片 / 彭大伟 ↑

概括为"大同小异、殊途同归"[1]。马克思与恩格斯的不同之处和同归之道，首先在于通过理论与实践统一的哲学创新之道，最终都超越了唯心主义、旧唯物主义传统哲学，开创了新唯物主义哲学世界观。不同之处，殊途所在，是他们两个人在理论与实践统一之道上，存在着个性差异，先后顺序、思想重心有所不同，各具特色。马克思在理论方面先行一步，接受过专业化的理论思维训练，后来才走上和工人运动实践相结合的道路。恩格斯则是在生活实践中通过自学摸索形成了新的世界观。但二者有较强的互补性，如果说马克思的哲学更富有深刻性和原创性，那么恩格斯的哲学文本则更具有简明扼要的系统性、深入浅出的通俗性，更有助于马克思主义哲学的广泛传播和大众化。

事实上，恩格斯本人在《费尔巴哈论》第四章的一个脚注中已经颇具预见性地对这一问题进行了澄清："我不能否认，我和马克思共同工作40年，在这以前和这个期间，我在一定程度上独立地参加了这一理论的创立，特别是对这一理论的阐发。但是，绝大部分基本指导思想（特别是在经济和历史领域内），尤其是对这些指导思想的最后的明确的表述，都是属于马克思的。我所提供的，马克思没我也能够做到，至多有几个专门的领域除外。至于马克思所做到的，我却做不到。马克思比我们大家都站得高些，看得远些，观察得多些和快些。马克思是天才，我们至多是能手。没有马克思，我们的理论远不会是现在这个样子。所以，这个理论用他的

---

[1] 王东:《恩格斯的伟大贡献与历史地位——兼论必须回答"马恩对立论"的思想挑战》，《毛泽东邓小平理论研究》2010年第12期。

名字命名是理所当然的。"[1]

从恩格斯的这段论述可以看出，其一，马克思主义是马克思和恩格斯"共同工作40年"的见证和结晶，若是二人相互对立，何以能并肩作战40年之久！正是在这一意义上，列宁曾提出："要正确评价马克思的观点，无疑必须熟悉他最亲密的同志和合作者弗里德里希·恩格斯的著作。不研读恩格斯的全部著作，就不可能理解马克思主义，也不可能完整地阐述马克思主义。"[2]这表明二人在根本观点上是一致的。其二，恩格斯在充分肯定"马克思比我们大家都站得高些，看得远些，观察得多些和快些。马克思是天才，我们至多是能手"的同时，也明确承认自己"在一定程度上独立地参加了这一理论的创立，特别是对这一理论的阐发"，甚至"在几个专门领域"即自然科学领域内，有自己独特的理论贡献。这就表明，马克思和恩格斯在创立和阐发唯物史观的过程中各有侧重，有着各自的分工和研究成果。这是在根本一致性前提下的相异之处。但决不能据此得出"马恩对立论"的荒谬结论，更不能据此否定两人"共同工作40年"的结晶。

二、现实启示

《费尔巴哈论》不仅对于全面理解马克思主义哲学的形成发展和基本原理具有十分重要的理论价值，而且对于党的各级领导干部

---

[1] [德]恩格斯:《路德维希·费尔巴哈和德国古典哲学的终结》，人民出版社2014年版，第38页。

[2] 《列宁专题文集·论马克思主义》，人民出版社2009年版，第50页。

提高马克思主义哲学素养、增强运用马克思主义立场观点方法分析和解决实际问题的能力具有不可或缺的现实意义。

学哲学、用哲学，是我们党的优良传统。研读和学习《费尔巴哈论》等经典著作，有助于党员干部坚持把马克思主义作为根本指导思想，有助于坚持解放思想、实事求是、守正创新，有助于领导干部坚持人民至上、坚持以人民为中心，有助于领导干部用博大胸怀吸收人类创造的一切优秀文明成果。

（一）坚持把马克思主义作为根本指导思想

《费尔巴哈论》是恩格斯为了批判当时资产阶级错误思潮对马克思主义的歪曲和攻击，从而正确引导工人阶级革命斗争的发展方向而写作的。《费尔巴哈论》一书详尽阐述了马克思主义哲学的基本原理，是关于马克思主义科学世界观和方法论的概论式著作。在新征程上，研读和学习这一著作，有助于我们全面把握马克思主义哲学的产生及其在哲学史上实现的革命性变革，从而坚定不移地把马克思主义作为我们党的根本指导思想，有助于捍卫马克思主义在意识形态领域的指导地位，坚决抵制诸如抽象人性论、唯心主义历史观和宗教观等错误思潮和观点对马克思主义的歪曲和攻击。

习近平总书记在纪念马克思诞辰200周年大会上的讲话中指出，"从《共产党宣言》发表到今天，170年过去了，人类社会发生了翻天覆地的变化，但马克思主义所阐述的一般原理整个来说仍然是完全正确的。我们要坚持和运用辩证唯物主义和历史唯物主义的世界观和方法论，坚持和运用马克思主义立场、观点、方法"[1]。党的十九届六中全会审议通过的《中共中央关于党的百年奋斗重大成就和历史经验的决议》指出:"党的百年奋斗展示了马克思主义的强大生命力。马克思主义揭示了人类社会发展规律,是认识世界、改造世界的科学真理……马克思主义的科学性和真理性在中国得到充分检验,马克思主义的人民性和实践性在中国得到充分贯彻,马克思主义的开放性和时代性在中国得到充分彰显。"[2] 历史和实践证明,在坚持把马克思主义作为根本指导思想这一问题上,我们必须坚定不移,任何时候任何情况下都不能动摇。

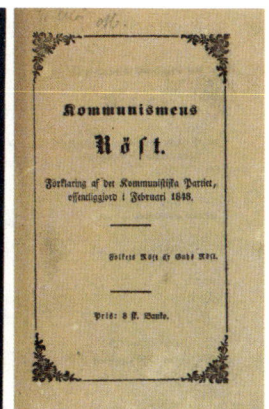

第一,坚持把马克思主义作为根本指导思想,首先要解决真懂真信的问题。马克思主义科学揭示了自然界、人类社会和人类思维的发展规律,为我们认识世界和改造世界

---

[1] 《习近平谈治国理政》第三卷,外文出版社 2020 年版,第 75 页。
[2] 《中国共产党第十九届中央委员会第六次全体会议文件汇编》,人民出版社 2021 年版,第 92—93 页。

1848 年瑞典文版《共产党宣言》 中新图片 / 杨可佳↑

提供了科学的世界观和方法论。对于党的各级领导干部而言，只有真正弄懂马克思主义，才能在认识和把握共产党执政规律、社会主义建设规律、人类社会发展规律上不断有所发现、有所创造，只有真正信仰马克思主义，才能自觉地辨识各种唯心主义观点，更好地抵御各种历史唯心主义谬论。

第二，坚持把马克思主义作为根本指导思想，核心要解决好为什么人、靠什么人的问题。为什么人、靠什么人的问题，是检验一个政党、一个政权性质的试金石。马克思主义自诞生之日起就毫不讳言自己的无产阶级立场。我们党是全心全意为人民服务的党，我们国家是人民当家作主的国家。我们党的各级领导干部的一切出发点和落脚点是实现好、维护好、发展好最广大人民的根本利益。

第三，坚持把马克思主义作为根本指导思想，最终要落实到怎么用上来。在新的历史条件下，坚持马克思主义，最重要的是运用马克思主义的立场观点方法去研究和解决重大而紧迫的时代问题。坚持以马克思主义为指导，必须坚持问题导向，必须落实到研究我国发展和我们党执政面临的重大理论和实践问题上来，落实到提出和解决问题的正确思路和有效办法上来。

（二）坚持解放思想、实事求是、守正创新

恩格斯在《费尔巴哈论》中论述哲学基本问题时强调，存在决定思维，思维能正确认识现实，这就为我们坚持解放思想、实事求是、守正创新提供了哲学依据。在思想路线问题上，始终存在着唯物主义和唯心主义的斗争，唯心主义的集中表现就是主观主义和教条主义，其基本特征就是思维与存在、主观与客观、理论与实践相

分离；唯物主义则主张一切从实际出发，理论联系实际，实事求是，在实践中检验和发展真理，其基本特征是思维与存在、主观与客观、理论与实践的具体的历史的统一。从历史上看，主观主义和教条主义的思想路线曾经给我国革命和建设事业带来了严重的损失，我们党正是通过总结历史经验教训，彻底划清了思想路线问题上唯物主义与唯心主义的界限，形成了一条实事求是的思想路线，才领导和团结全国各族人民取得了革命、建设和改革的巨大成就。在新征程上，我们党的各级领导干部必须始终坚持实事求是的思想路线。

2012年5月16日，习近平同志在中央党校春季学期第二批入学学员开学典礼上的讲话中强调："我们党是靠实事求是起家和兴旺发展起来的……实事求是作为党的思想路线，它始终是马克思主义中国化理论成果的精髓和灵魂，即是毛泽东思想的精髓和灵

实事求是，是中国共产党的鲜明特质，是中国共产党永葆生机活力的不竭源泉。图为毛泽东题词"实事求是" 海峰／供图↓

魂,是包括邓小平理论、'三个代表'重要思想以及科学发展观在内的中国特色社会主义理论体系的精髓和灵魂;它始终是中国共产党人认识世界和改造世界的根本要求,是我们党的基本思想方法、工作方法和领导方法,是党带领人民推动中国革命、建设、改革事业不断取得胜利的重要法宝。"[1] 2022年1月11日,习近平总书记在省部级主要领导干部学习贯彻党的十九届六中全会精神专题研讨班开班式上的讲话中再次强调,"我们要准确把握时代大势,勇于站在人类发展前沿,聆听人民心声,回应现实需要,坚持解放思想、实事求是、守正创新"[2]。在这里,守正,即坚守真理、坚守正道、坚持实事求是;创新,即解放思想,敢于说新话,实现新作为,创造新事物。守正创新体现了解放思想与实事求是的统一,是对党的思想路线的丰富和发展。

第一,坚持解放思想、实事求是、守正创新,基础在于搞清楚"实事",就是通过调查研究,了解实际、掌握实情。坚持从实际出发,前提是深入实际、了解实际,只有这样才能做到实事求是。要了解实际,就要掌握调查研究这个基本功,不断对实际情况作深入系统而不是粗枝大叶的调查研究,使思想、行动、决策符合客观实际,在调查研究中提高工作本领。调查研究要经常化。要坚持到群众中去、到实践中去,倾听基层干部群众所想所急所盼,了解和掌握真实情况,不能走马观花、蜻蜓点水、一得自矜、以偏概全。要眼睛向下、脚步向下,经常扑下身子、沉到一线,近的远的都要去,好的差的都要看,干部群众的表扬和批评都要听,真正把情况

---

[1] 参见习近平:《坚持实事求是的思想路线》,《学习时报》2012年5月28日。
[2] 习近平:《更好把握和运用党的百年奋斗历史经验》,《求是》2022年第13期。

摸实摸透。既要"身入"基层,更要"心到"基层,听真话、察真情,真研究问题、研究真问题,不能搞作秀式调研、盆景式调研、蜻蜓点水式调研。

第二,坚持解放思想、实事求是、守正创新,关键在于"求是",就是通过深入分析,探求和掌握事物发展的规律。调查研究的根本目的是解决问题,调查结束后一定要进行深入细致的分析思考,去粗取精、去伪存真、由此及彼、由表及里,把零散的认识系统化,把粗浅的认识深刻化,直至找到事物的本质规律,找到解决问题的正确办法。对事物客观规律的认识,只能在实践中完成。勇于实践、善于实践,在实践中积累经验、进行理论升华,再用以指导实践、推动实践,在实践中使认识得到检验、修正、丰富和发展,这是认识客观规律的根本途径,也是把握客观规律的必由之路。我们作决策、办事情、谋发展,都要认识规律、遵循规律。能否坚持实事求是,能否按客观规律办事,这是决定我们的工作特别是领导工作有无主动权和得失成败的关键所在。只有尊重客观规律,才能洞察时代大势,把握历史主动,推进伟大革命。

第三,坚持解放思想、实事求是、守正创新,根本在于始终坚持党的群众路线,就是从群众中来、到群众中去。群众路线是我们党的根本工作路线,与实事求是的思想路线相辅相成、完全统一。一方面,实事求是是在实践基础上认识世界的过程,这一过程要通过"从群众中来"才能实现。人民的伟大实践是认识的真正源泉。只有及时发现、总结、概括人民群众创造的新鲜经验,才能获得正确反映客观规律的真理性认识,才能制定出符合客观规律的科学决策。另一方面,实事求是又是在实践基础上改造世界的过程,这一过程只有通过"到群众中去"才能实现。人民群众是历史的创造者，是改造世界的主体和力量源泉。来自群众的正确意见和真理性认识只有为群众所掌握，才能转化为改造世界的实际行动。要坚持一切从人民根本利益出发，深入群众听取意见，使各项决策和各方面工作既符合实际情况和客观规律，又符合人民意愿。只有这样，才能真正做到实事求是。

第四，坚持解放思想、实事求是、守正创新，重点在于加强党性修养和锻炼，就是要说老实话、办老实事、做老实人。"坚持从实际出发、实事求是，不只是思想方法问题，也是党性强不强问题。"[1] 要做到实事求是，不仅要有正确的思想方法和工作方法，还必须有公而忘私和不计个人得失的品格。所以，领导干部必须带头加强党性修养，带头践行全心全意为人民服务的根本宗旨，为了人民利益敢于坚持真理、修正错误，自觉为党分忧、为国尽责、为民奉献，以坚强的党性来保证做到实事求是。从当前干部队伍实际看，坚持实事求是最需要解决的是党性问题。干部是不是实事求是可以从很多方面来看，最根本的要看是不是讲真话、讲实话，是不是干实事、求实效。领导干部要坚持以党性立身做事，把说老实话、办老实事、做老实人作为党性修养和锻炼的重要内容，敢于坚持真理，善于独立思考，坚持求真务实。要自觉坚定实事求是的信念、增强实事求是的本领，时时处处把实事求是牢记于心、付之于行。

（三）坚持人民至上，坚持以人民为中心

恩格斯在《费尔巴哈论》中阐述历史唯物主义的基本观点时指

---

[1] 习近平：《努力成为可堪大用能担重任的栋梁之才》，《求是》2022年第3期。

出，人民群众是历史的创造者，要认识人类社会的发展规律，就必须去探究使广大人民群众行动起来的动机。这一基本原理要求我们必须坚持人民至上，坚持以人民为中心，努力做到一切为了群众、一切依靠群众，从群众中来、到群众中去，真正做到权为民所用、情为民所系、利为民所谋。这是坚持群众观点、走好群众路线的基本要求，是马克思主义唯物史观在实际工作中的具体体现，也是我们党始终坚持的根本工作路线和根本工作方法。

《中共中央关于党的百年奋斗重大成就和历史经验的决议》明确将"坚持人民至上"作为中国共产党百年奋斗的重要历史经验之一，指出："党的根基在人民、血脉在人民、力量在人民，人民是党执政兴国的最大底气。民心是最大的政治，正义是最强的力量。党的最大政治优势是密切联系群众，党执政后的最大危险是脱离群众。党代表中国最广大人民根本利益，没有任何自己特殊的利益，从来不代表任何利益集团、任何权势团体、任何特权阶层的利益，这是党立于不败之地的根本所在。只要我们始终坚持全

人民出版社出版的《中共中央关于党的百年奋斗重大成就和历史经验的决议》封面↑

心全意为人民服务的根本宗旨，坚持党的群众路线，始终牢记江山就是人民、人民就是江山，坚持一切为了人民、一切依靠人民，坚持为人民执政、靠人民执政，坚持发展为了人民、发展依靠人民、发展成果由人民共享，坚定不移走全体人民共同富裕道路，就一定能够领导人民夺取中国特色社会主义新的更大胜利，任何想把中国共产党同中国人民分割开来、对立起来的企图就永远不会得逞。"[1] 2022年3月1日，习近平总书记在2022年春季学期中央党校（国家行政学院）中青年干部培训班开班式上的讲话中强调："共产党人必须牢记，为民造福是最大政绩。我们谋划推进工作，一定要坚持全心全意为人民服务的根本宗旨，坚持以人民为中心的发展思想，坚持发展为了人民、发展依靠人民、发展成果由人民共享，把好事实事做到群众心坎上。"[2]

第一，坚持人民至上，坚持以人民为中心，就是要坚守人民立场，始终以百姓心为心，坚持全心全意为人民服务的根本宗旨，把人民放在心中最高位置，把人民拥护不拥护、赞成不赞成、高兴不高兴、答应不答应作为衡量一切工作得失的根本标准，使我们党始终拥有不竭的力量源泉。各级领导干部要牢记为人民谋幸福、为民族谋复兴的初心使命，不断追求"我将无我，不负人民"的精神境界，要怀着强烈的爱民、忧民、为民、惠民之心，心里要始终装着父老乡亲，想问题、作决策、办事情都要想一想是不是站在人民的立场上，是不是有助于解决群众的难题，是不是有利于增进人民福

---

[1] 《中国共产党第十九届中央委员会第六次全体会议文件汇编》，人民出版社2021年版，第95—96页。

[2] 习近平：《努力成长为对党和人民忠诚可靠、堪当时代重任的栋梁之才》，《求是》2023年第13期。

祉，不断增强人民群众获得感、幸福感、安全感。

第二，坚持人民至上，坚持以人民为中心，就是要尊重人民主体地位，发挥人民首创精神，保证人民当家作主，顺应人民群众对美好生活的向往，以保障和改善民生为重点，发展各项事业，加大收入分配调节力度，保证人民平等参与、平等发展权利，使改革发展成果更多更公平惠及全体人民，朝着实现全体人民共同富裕的目标稳步前进。同人民风雨同舟、血脉相通、生死与共，是我们党战胜一切困难和风险的根本保证。离开了人民，我们就会一事无成。要牢记群众是真正的英雄，任何时候都不能忘记为了

人民性是马克思主义的本质属性。坚持人民至上是中国共产党百年奋斗的制胜法宝。中国共产党第二十次全国代表大会将"必须坚持人民至上"列入"六个必须坚持"。图为中国共产党第二十次全国代表大会会场　中新图片/毛建军↑

谁、依靠谁、我是谁，真正同人民结合起来。

第三，坚持人民至上，坚持以人民为中心，就是要求党的各级领导干部牢记中国共产党是什么、要干什么这个根本问题，从政治的高度深刻认识密切联系群众的重要性，放下架子，扑下身子，深入实际、深入基层，从群众中寻找解决问题的方案和办法，使作出的决策和决策的执行充分体现民心民意。人心向背关系党的生死存亡，党的各级领导干部只有与人民群众心连心、同呼吸、共命运，始终依靠人民推动历史前进，才能夯实党的执政基础，巩固党的执政地位，永葆共产党人的先进性和纯洁性，才能凝聚起众志成城的磅礴力量，团结带领人民共同创造历史伟业。

(四) 用博大胸怀吸收人类优秀文明成果

恩格斯在《费尔巴哈论》中论述马克思主义哲学的思想理论来源特别是黑格尔哲学时，既充分肯定了黑格尔哲学中辩证方法的革命性，也清晰看到了他的封闭的哲学体系的保守性，既深度分析了黑格尔在不同历史领域中所起的划时代的积极作用，也明确指认了黑格尔未能完全摆脱德国庸人的习气，可以说，恩格斯这种对待德国古典哲学特别是黑格尔哲学的批判继承的科学方法，为我们用博大胸怀吸收人类创造的一切优秀文明成果树立了光辉典范。

历史表明，任何思想文化成果都是一定历史时代的政治和经济条件的产物，也必然带有那个时代的历史局限性，因此，不加批判地全盘肯定，一味照抄照搬的"拿来主义"是错误的。同时，思想文化的发展同物质生产一样也具有历史的延续性，新的思想文化成果总是在传统的既有思想文化成果基础上产生和发展的，因此，不加分析地全盘否定，对传统文化成果采取历史虚无主义的态度也是错误的。正确的做法应该是采取辩证分析、批判继承的态度，用毛泽东的话说就是取其精华、去其糟粕，古为今用、洋为中用，使一切人类文明优秀成果与当今实践相适应、与时代发展相协调。

《中共中央关于党的百年奋斗重大成就和历史经验的决议》明确指出："一百年来，党坚持把马克思主义写在自己的旗帜上，不断推进马克思主义中国化时代化，用博大胸怀吸收人类创造的一切优秀文明成果，用马克思主义中国化的科学理论引领伟大实践。"[1]正是由于中国共产党对待人类优秀文明成果的博大胸襟，才使马克思主义得以在与中国具体实际和中华优秀传统文化相结合的过程中不断实现新的飞跃并展示出强大的生命力，才使中国马克思主义以崭新形象展现在世界上，才使中华民族迎来了从站起来、富起来到强起来的伟大飞跃。对待中华传统文化如此，对待国外文化思潮亦然。习近平总书记在主持十八届中共中央政治局第四十三次集体学习时强调："对国外马克思主义研究新成果，我们要密切关注和研究，有分析、有鉴别，既不能采取一概排斥的态度，也不能搞全盘照搬。""要放宽视野，吸收人类文明一切有益成果，不断创新和发展马克思主义。"[2]习近平总书记的上述论断，为我们创新发展21世纪中国马克思主义提出了必须坚持的方法论原则，既要立足我国实际，以我们正在做的事情为中心，聆听人民心声，回应现实需要，深入总结中国特色社会主义实践，更好实现马克思主义基本原理同

---

[1] 《中国共产党第十九届中央委员会第六次全体会议文件汇编》，人民出版社2021年版，第92页。

[2] 《习近平谈治国理政》第二卷，外文出版社2017年版，第67、66页。

毛泽东思想是马克思列宁主义在中国的创造性运用和发展，是被实践证明了的关于中国革命和建设的正确的理论原则和经验总结，是马克思主义中国化的第一次历史性飞跃。图为《毛泽东选集》（展品）海峰/供图↑

中国具体实际相结合、同中华优秀传统文化相结合，又要用博大胸怀吸收人类创造的一切优秀文明成果，特别是当代国外马克思主义思潮对资本主义结构性矛盾以及生产方式矛盾、阶级矛盾、社会矛盾等的批判性揭示和对资本主义危机、资本主义演进过程、资本主义新形态及本质的深入分析，这些观点有助于我们正确认识资本主义发展趋势，准确把握当代资本主义新变化新特征，加深对当代资本主义变化趋势的理解。学习研究中华优秀传统文化和当代世界马克思主义思潮，对我们推进马克思主义中国化时代化，发展当代中国马克思主义、21世纪马克思主义具有积极作用。

《费尔巴哈论》深刻阐明了马克思主义哲学实现革命性变革的关键在于批判继承了包括德国古典哲学在内的人类思想史上的一切文明成果。重读经典是为了理论创新，在今天，我们重新研读和学习《费尔巴哈论》等经典著作，是为了创新发展 21 世纪中国马克思主义哲学。改革开放以来，不论是真理标准问题大讨论、人道主义和异化问题、教科书体系改革、实践唯物主义、主体性、生存论、现代性反思、资本逻辑批判等研究主题上取得的新突破，还是经济哲学、文化哲学、历史哲学、发展哲学、政治哲学等领域哲学所呈现的新发展，抑或是本体论、辩证法、认识论、历史观、价值论、人学等基础理论中涌现的新成果，都为我们发展 21 世纪中国马克思主义哲学奠定了理论基础；中国式现代化道路的探索历程、中国社会整体转型升级与全面深化改革的鲜活实践，则为我们创新 21 世纪中国马克思主义哲学提供了现实机遇。站在这一理论与实践、历史与现实的交汇点上，以高度的方法论自觉，发展 21 世纪中国马克思主义哲学，不仅有助于马克思主义哲学自身的创新，更能推动中国特色哲学社会科学的繁荣，从而为实现中华民族的伟大复兴提供思想资源和话语支撑。

第一，不忘初心，耕犁经典，坚持马克思主义哲学的基本原理。不忘初心，从哲学上讲，就是要坚持事物是其所是的根据。发展 21 世纪中国马克思主义哲学，要不忘初心，就是要通过对马克思主义经典著作（特别是 MEGA2）的深度耕犁和文本解读，完整准确地理解马克思主义哲学的人民立场、实践观点和辩证方法，具体历史地把握马克思主义哲学的世界观、方法论和思想体系。但文本文献研究是基础而非目的，重读经典，绝不意味着固守于此甚至陷入"文本拜物教"，而是要以现实问题激活文本研究，在全球化与信息化背景下重释马克思主义哲学原著的当代性。当前,《资本论》研究成为包括哲学、经济学、政治学等在内的学术界研究的热点,不同学者从跨学科的视角通过对这一经典文本的创作过程、篇章结构、内在逻辑、方法论与当代价值的综合性研究,在政治经济学批判与唯物史观的互动语境中,既诠释了马克思在资本逻辑及其批判问题上的基本原理,又回应了当代中国经济社会发展的重大现实问题,推动了马克思主义哲学的创新发展。

第二,问题导向,切入现实,着眼中国式现代化中的实际问题。马克思说过,任何真正的哲学都是自己时代的精神上的精华。哲学面向现实,绝非一味地解释、附和、证成现实,而是以理论的方式诊断、批判、引导现实。这就意味着,发展 21 世纪中国马克思主义哲学,必须坚持理论联系实际,立足时代需要,着眼中国问题,不断从我国改革发展的实践中提炼标识性概念,建构面向中国问题意识的"哲学上的中国"。当前,中国式现代化道路及其创造的人类文明新形态,已成为哲学社会科学所聚焦的核心议题,对这一重大议题的分析和阐释是进一步推进马克思主义哲学中国化时代化的关键。

第三,古为今用,洋为中用,批判吸收人类思想史的智慧成果。继承与创新始终是文化演进的二重奏。马克思主义哲学正是在批判地继承德国古典哲学、英国古典政治经济学和英法空想社会主义等优秀人类文明成果的基础上产生的,也是在吸收借鉴中华优秀传统文化的过程中不断实现马克思主义哲学中国化的。创新发展 21 世纪中国马克思主义哲学,同样离不开思想史研究的支撑。毛泽东说过:"我们是马克思主义的历史主义者,我们不应当割断历史。从孔夫子到孙中山,我们应当给以总结,承继这一份珍贵的遗

产。"[1] 当前学术界对"两个结合"特别是马克思主义与中华优秀传统文化关系的细致梳理，对马克思哲学与黑格尔、费尔巴哈、赫斯思想传承关系的深度挖掘，都沿袭了思想史研究的进路，力图在融汇中西、贯通古今中促进哲学的创新发展。

第四，对话前沿，敢于亮剑，在多元社会文化思潮中激浊扬清。哲学生于对话，死于独白。一部马克思主义哲学形成和发展的历史，就是经典作家不断与同时代思想家和诸种社会思潮之间的批判性对话史。除了要

习近平新时代中国特色社会主义思想是当代中国马克思主义、21世纪马克思主义，是中华文化和中国精神的时代精华，实现了马克思主义中国化时代化新的飞跃。图为《伟大征程》鼓乐歌舞《新的天地》 中新图片/韩海丹↑

---

1 《毛泽东选集》第二卷，人民出版社1991年版，第534页。

实现中西马的对话以及哲学、政治经济学与科学社会主义之间的对话外，发展 21 世纪中国马克思主义哲学，还需要与当代国外哲学社会科学前沿保持对话，一方面，借鉴吸收市场社会主义、生态马克思主义、激进左翼政治哲学等国外马克思主义哲学最新流派在资本主义批判、现代性反思、新社会构想等方面的积极成果；另一方面，在意识形态领域斗争日益复杂、社会思潮纷纭动荡的今天，还要敢于亮剑，要从学理的高度展开对历史虚无主义、新自由主义等错误思潮的批判，在澄清歪曲、回应质疑、应对挑战的过程中掌握国际话语权，在与错误思潮的理论斗争中实现守正创新，引领 21 世纪世界马克思主义哲学研究。